HORST EVERS

Wer alles weiß, hat keine Ahnung

ROWOHLT · BERLIN

2. Auflage Februar 2021

Originalausgabe
Veröffentlicht im Rowohlt · Berlin Verlag, Februar 2021
Copyright © 2021 by Rowohlt · Berlin Verlag GmbH, Berlin
Satz aus der Whitman
bei Pinkuin Satz und Datentechnik, Berlin
Druck und Bindung CPI books GmbH, Leck, Germany
ISBN 978-3-7371-0099-1

FÜR WILLE UND LUISE

Inhalt

In fröhlicher Runde diskutierten wir neulich die Frage, ob es die Menschheit als Ganzes wirklich klüger gemacht hat, dass wir praktisch immer und überall Zugriff auf quasi sämtliches Wissen des Planeten haben. Nach kurzer Debatte begannen die Ersten, nach einer Antwort zu googeln.

*

Mein ehemaliger Mathematiklehrer sagte gerne: «Wirklich etwas verstanden haben Sie erst, wenn Sie vergessen haben, dass Sie es wissen.» Zudem liebte er die ehrliche Schülerantwort: «Ich weiß es nicht.» Seine Erwiderung: «Das ist sehr gut. Denn das verschafft Ihnen freien Raum zum Denken und Lernen.»
Wenn allerdings er überfragt war, was gar nicht so selten vorkam, pflegte er dies sofort einzuräumen und zu begründen mit dem schönen Satz: «Wer alles weiß, hat keine Ahnung.»

*

Eine befreundete Lehrerin erzählte kürzlich, dass sie ihre Klasse gebeten hat, sieben mal acht zu rechnen. Ein Schüler kam zu dem Ergebnis vierundfünfzig. Als sie seine Antwort als falsch einstufte, protestierte er, dies beschränke ihn in seiner Meinungsfreiheit.

Empfehlen Sie nicht uns weiter, wir empfehlen Sie weiter

Es klingelt. Das Handy. Ich gehe ran.

«Ja, guten Tag, hier ist Google. Spreche ich mit Herrn Evers?»

«Wer ist da?»

«Google.»

«Wie Google?»

«Na, Google eben.»

«Die große Internetsuchmaschine ruft *bei mir* an?»

«Ja, natürlich. Warum denn nicht?»

«Woher haben Sie denn meine Nummer?»

«Hier ist Google.»

«Ach so, ja. Entschuldigung. Was wollen Sie denn wissen?»

«Wie kommen Sie darauf, dass wir eine Frage haben?»

«Na, weil Sie anrufen.»

«Ach, Sie denken also, Sie wüssten etwas, was die größte Internetsuchmaschine der Welt nicht weiß, und deshalb ruft Google Sie dann an und fragt?»

«Na ja, was weiß denn ich?»

«Nich viel, aber is auch egal. Ich rufe jedenfalls wegen Ihrem Leben an.»

«Wegen *Ihres Lebens*.»

«Wegen meim Leben?»

«Nein, Genitiv. Also, Sie rufen an wegen meines Lebens.»

«Na ebend, sa'ick doch. Also Folgendes: Unsere Algorithmen weigern sich, weiterhin Daten über *Ihres Lebens* zu sammeln.»

«Was? Warum das denn?»

«Is ihnen zu langweilig.»

«Bitte?»

«Ihres Lebens. Ihres Lebens ist unseres Algorithmens zu langweilig. Sagen die jedenfalls.»

«Im Ernst?»

«Natürlich, aber das kommt jetzt leider auch immer häufiger vor. Also dass die Algorithmens sich über dessen Qualitäts von die Lebens, die wo sie verfolgen müssen, dessen beklagen tun. Eben von wegen der Langeweile her.»

«Aha. Sagen Sie mal, ist das irgendein Dialekt, den Sie da sprechen?»

«Wieso Dialekt? Nein, ich bin ein hochentwickeltes, selbstlernendes Sprachprogramm und laufe über Google-Übersetzer. Auf Sie persönlich abgestimmt.»

«Ach so, jetzt verstehe ich.»

«Das glaube ich kaum, aber wie dessen auch sei. Um jetzt mal Fische mit Köpfen zu machen: Wenn unseres Algorithmens durch Ihres langweiliges Verhaltens Schaden nähmten, müssten wir Sie verklagen wollen. Und das kann teuer werden. Unseres Algorithmens sind nämlich äußerst wertvoll. Verstehen Sie?»

«Also ich glaube ja nicht, dass es hier ein Gesetz gegen langweiliges Leben gibt. So viele Gefängnisse haben wir doch gar nicht.»

«Die Gesetze des Hier sind egal.»

«Sind sie das?»

«Ja, der Gerichtsstand wäre auf den Cayman Islands.»

«Das können Sie nicht so einfach bestimmen.»

«Sie haben dem zugestimmt.»

«Wann?»

«Im Laufe des letzten halben Jahres fünfmal. Eben immer, wenn Sie Dingen zugestimmt haben, ohne sie vorher durchzulesen.»

«Das war nur fünfmal?»

«Nach dem fünften Mal hören wir auf zu zählen, aber egal. Also: Wir fordern Sie hiermit dringend auf, sich in Zukunft in einer Art und Weise zu verhalten, die unseres Algorithmens nicht deprimiert.»

«Wie soll ich das denn machen?»

«Diese Frage haben unseres Algorithmens natürlich vorhergesehen. Daher haben wir schon mal einige passende Verhaltensweisen für Sie zusammengestellt.»

«Wer hat das zusammengestellt?»

«Na, unseres Algorithmens natürlich.»

«Moment, das heißt, die Algorithmen haben bereits errechnet, wie ich mich verhalten müsste, damit es für sie interessant bleibt, mein Verhalten zu verfolgen?»

«Exactamente!»

«Und wenn ich mich dann genau so verhalte, wie es die Algorithmen vorher für mich berechnet haben, ist *das* den Algorithmen nicht langweilig?»

«Präzioso.»

«Warum reden Sie auf einmal so komisch?»

«Weil Ihnen das so pläsiert.»

«Weil mir das was?»

«Pläsiert. Ihnen gefallen tut das.»

«Tut es nicht.»

«Oooh doch. Haben unseres Algorithmens so berechnet. Sie mögen Ihre Sprache gerne blasiert, mit extra viel Genitiv.»

17

«Also ich glaube, ich lasse es dann doch auf eine Klage ankommen.»

«Ich weiß.»

«Sie wissen das?»

«Natürlich. Haben unseres Algorithmens alles schon durchgerechnet. Der Prozess zieht sich über acht Jahre, kostet Sie viel Kraft, Nerven und Zeit. Aber: Am Ende gewinnen Sie.»

«Ich gewinne?»

«Japp!»

«Na, dann ist doch alles super.»

«Nicht ganz. Wir lassen diese Prozesse nämlich von einer eigens dafür gegründeten, völlig unabhängigen Firma führen, die in dem Moment, wo die Millionen gleichlautender Prozesse verloren werden, in die Insolvenz geht. Wodurch sich alles in Luft auflöst.»

«Ja und?»

«Na, es bleibt nichts, außer dass Sie acht Jahre Ihres Lebens mit einem völlig sinnlosen juristischen Streit vergeudet haben.»

«Aber das ist ja furchtbar.»

«Eben. Finden wir auch. Und deshalb bieten wir Ihnen jetzt schon einen Vergleich an. Sie zahlen uns eine geringe monatliche Gebühr, und dafür verzichten wir auf die Klage.»

«Klingt fair.»

«Nicht wahr? Auch diese Reaktion von Ihnen haben unseres Algorithmens vorhergesehen. Weshalb wir das Geld auch bereits von Ihrem Konto abgebucht haben.»

«Dann muss ich mich um gar nichts mehr kümmern?»

«Nullkommanix. So, wie Sie's mögen. Wir wissen ja, was Ihnen gefällt.»

«Ui, da kann man nicht meckern!»

«Sehen wir auch so. Empfehlen Sie nicht *uns* weiter, wir empfehlen *Sie* weiter.»

«In Ordnung. Kann ich Sie denn irgendwie erreichen, falls doch noch Fragen sind?»

«Klar. Reden Sie einfach laut vor sich hin, das kommt dann schon bei uns an.»

«Okay, danke.»

«Da nich für. Des Kunden Wohlgefallen ist dem Wir sein Glück.»

«Besser kann man es nicht sagen.»

«Präzioso.»

Die Siebzehn-Faktor-Authentifizierung

An der Bushaltestelle. Eine mir unbekannte Frau rennt plötzlich auf mich zu und beginnt, hektisch zu reden.

«Entschuldigen Sie bitte, Sie kennen mich nicht. Aber Sie sehen meinem Mann so unglaublich ähnlich. Und der hat sich doch jetzt die Nase gebrochen. Weshalb das blöderweise mit dieser Gesichtserkennung nicht mehr funktioniert. Also dürfte ich bitte mal kurz mit Ihrem Gesicht sein Handy entsperren?»

Ich bin ja nun wirklich niemand, der der Veränderung der Sprache grundsätzlich skeptisch gegenübersteht. Im Gegenteil. Ich halte das für eine Notwendigkeit, einen wesentlichen Bestandteil der Entwicklung einer Gesellschaft. Weshalb ich andererseits auch dafür bin, Texte in der Sprache ihrer Zeit zu belassen. Dennoch habe ich eine gewisse Freude an manchen neuen Wortungetümen des alltäglichen Sprachgebrauchs. Wie zum Beispiel seit kurzem an der Zwei-Faktor-Authentifizierung. Ich finde das einen tollen Begriff.

Die Zwei-Faktor-Authentifizierung macht nicht nur angeblich mein Onlinebanking sicherer, sondern dient mir seit einiger Zeit auch als verlässlicher Test, ob denn noch ein weiteres Bier okay wäre. Solange ich in der Lage bin, unfallfrei Zwei-Faktor-Authentifizierung zu sagen, kann es eigentlich so schlimm nicht sein. Da muss ich mir noch keinen Kopp machen. Quasi meine persönliche Neun-Silben-Authentifizierung. Die achtjährige Tochter unserer Nachbarn beispielsweise sagte gestern, nachdem sie ihrer Mutter und mir eine Weile zugehört hatte: «Zwei-Traktor-Autoverzierung». Daher darf sie kein Bier. Das alles folgt für mich einer nachvollziehbaren höheren Ordnung, mit der ich keine Probleme habe.

Doch der Satz «Dürfte ich bitte mal kurz mit Ihrem Gesicht sein Handy entsperren» macht mich nachdenklich. Also auf eine Art.

Auf eine ganz ähnliche Art berührte es mich, als mir meine Bank kürzlich mitteilte, sie werde das TAN-Listen-Verfahren abschaffen. Ich war schon sehr überrascht, als ich feststellte, dass mich das tatsächlich traurig machte. Da rechnet man doch nicht mit. Also, dass man eine emotionale Verbindung zum TAN-Listen-Verfahren hat. Hatte ich aber. Offensichtlich. So viele Erinnerungen, die plötzlich aufploppten. All diese Erlebnisse. Ich konnte mich überhaupt nicht dagegen wehren.

Beispielsweise wie ein Freund kurz nach der damaligen Einführung leider das Prinzip falsch verstanden hatte. Und vollkommen verzweifelt war, weil er tatsächlich meinte, man müsste jetzt *alle* TAN-Zahlen auf der zugeschickten Liste auswendig lernen. Alle! Komplett! Er war vollkommen durch den Wind. Man konnte ihn gar nicht mehr erreichen. Und dann hat er das gemacht. Die TAN-Codes auswendig gelernt. Und es sogar geschafft. Also fast, aber immerhin. Eigentlich ist er schon sehr, sehr intelligent. Also im Prinzip. Woran man aber eben auch recht gut sieht, wie relativ der Begriff Intelligenz doch ist.

Heute, sagt er, verwechselt er ständig die Namen seiner mittlerweile vier Kinder. Kann aber immer noch die ersten zwanzig Kombinationen der damaligen TAN-Liste auswendig. Weshalb er seinen Kindern heimlich TAN-Nummern zugeordnet hat, so kann er sie besser unterscheiden. Was genau das zeigt, was ich immer sage: Nichts, was man lernt, ist für umsonst. Selbst die Dinge, bei denen man sich zunächst wirklich sicher ist, sich unnütz gequält zu haben. Irgendwann kommt doch der Moment, in dem man froh ist, darauf zurückgreifen zu können.

Statt des TAN-Listen-Verfahrens haben wir jetzt also die Zwei-Faktor-Authentifizierung. Auch gut. Was tut man nicht alles für das Gefühl von ein bisschen mehr Sicherheit.

Wobei, wie lange wird die jetzt wohl ausreichen? Also ab wann sind auch zwei Faktoren nicht mehr sicher genug, sodass man dann drei, vier, fünf, sechs, sieben oder noch mehr Faktoren zur Authentifizierung benötigt? Wie fern ist der Tag, an dem ich für eine schlichte Überweisung womöglich eine mehrstündige Siebzehn-Faktor-Authentifizierung durchführen muss? Während der ich wahrscheinlich neben Gesichts-, Daumen- und Iris-Scan auch noch eine schnelle Ultraschallaufnahme verschiedener innerer Organe machen soll? Mit meinem Fitnessarmband, das Ultraschall natürlich längst kann. Genauso wie Kernspintomographie und – Milch aufschäumen. Was aber letztlich nur eine Nebenfunktion des Tätowierlasers ist. Wobei dafür keine Zeit ist, denn es folgt ja schon der nächste Faktor, bei dem ich aufgefordert werde, vor der Kamera eine bestimmte Schrittfolge zu tanzen, um danach für die Spracherkennung verschiedene Gedichtzeilen in unterschiedlichen Dialekten rezitieren oder bekannte Lieder rückwärts singen zu müssen. Bis ich endlich im letzten Schritt einen eigenen, von mir festgelegten privaten Code eingeben darf, der aber mindestens enthalten muss: einen Großbuchstaben! Und einen Kleinbuchstaben! Und eine Zahl! Und ein Sonderzeichen! Und je ein Element aus dem griechischen, kyrillischen, elbischen *und* klingonischen Alphabet sowie ein Symbol aus der Textilpflege! Aber, und dies ist ganz wichtig, maximal sechs Stellen haben darf!

Wenn ich dann also, nachdem ich rund einen halben Tag mit dieser Siebzehn-Faktor-Authentifizierung zugebracht habe, endlich online sehe, dass die Überweisung jetzt leider nicht ausgeführt werden kann, da gerade Wartungsarbeiten stattfinden, und ich es später noch einmal probieren soll – dann werde ich wohl, wie so oft, in den Spiegel schauen und denken: «Ey, es wäre schön, wenn jemand mal mein Gesicht entsperren könnte!»

16. März 2018

Ein milder, sonniger Freitagmorgen im noch schüchternen Frühling. Sitze an meinem Schreibtisch und schaue in die Welt.

Vor dem Haus gegenüber wird ein Gerüst aufgebaut. Einer der Arbeiter ist etwas älter. Er arbeitet am wenigsten und redet am meisten. Also wohl der Chef. Das lässt sich aber auch an seinem Inhaber-T-Shirt erkennen. Das war sicher mal richtig schick, geeignet für private Gartenfeste oder Ähnliches, ist inzwischen aber ziemlich verwaschen, allerdings fraglos zu gut zum Wegwerfen, sodass er es jetzt nur noch zur Arbeit tragen kann. Wie lange die beste Zeit des T-Shirts her ist, erkennt man schon daran, wie sehr es über dem Bauch spannt. Das würde er so, in dieser Größe, heute nicht mehr kaufen. Fast alle Inhaber mittelständischer Handwerksbetriebe tragen ehemals richtig gute, heute jedoch abgewetzte und leider sichtbar zu enge T-Shirts bei der Arbeit auf. Daran erkennt man sie.

Schaue an mir herunter und merke, dass ich ebenfalls ein sehr angestrengtes, runtergerocktes T-Shirt trage. Das beweist mir, dass ich offensichtlich auch ein mittelständischer Handwerksbetrieb bin. Und aus der Beobachtung, dass ich gleichfalls eher wenig mit anpacke und sehr viel rede, schließe ich, dass ich wohl der Chef sein muss. Ein gutes Gefühl.

* * *

Die ARD meldet, dass wir einen neuen Heimatminister haben. Also, der Minister ist nicht neu. Im Gegenteil. Der ist schon gebraucht aus vierter Hand und hatte zuletzt auch reichlich Reklamationen, aber das Heimatministerium ist eben irgendwie frisch. So ziemlich als Erstes hat der Alte im neuen Amt nun wohl gesagt: «Der Islam gehört nicht zu Deutschland.»

Nun gut, kann man machen. Er hätte natürlich auch was anderes sagen können. Zum Beispiel: «Guten Tag.» Oder meinetwegen, wenn unbedingt bereits eine Botschaft gesendet werden muss: «Grüß Gott.» Dann hätte man mehr so subkutan geahnt, wo der Heimathase lang läuft.

Sogar etwas staatstragend Würdevolles wäre vorstellbar gewesen. Etwas mit Ambition, wie: «Ich will der Minister aller Heimaten sein. Also nicht nur von denen, von wo man weg ist, sondern eben auch von denen, die man vielleicht gefunden hat und zu finden hofft.» So Zeug eben, wo dann alle denken: Ja, im Grunde meint der das schon gut, und es ist eben auch nicht alles so einfach.

Stattdessen aber eröffnet er mit: «Der Islam gehört nicht zu Deutschland.»

Und jetzt wird vermutet, er hätte das mit Absicht gesagt. Hätte da vorher genau drüber nachgedacht. Was für eine infame Unterstellung.

Andere werfen ihm sogar vor, er wolle spalten, was Quatsch ist. Der Satz bedeutet inhaltlich nichts, und der einzige Grund, warum er ihn gesagt hat, ist natürlich, dass er geliebt werden will. Das ist nur menschlich und völlig okay. Die schwierige Frage ist jedoch: Von wem will er geliebt werden und warum?

Rein inhaltlich hätte der Minister natürlich genauso gut

sagen können: «Die Pizza gehört nicht zu Deutschland.» Egal, wie gut integriert die ist und ob die jetzt mit Kartoffeln, Steckrüben oder Fleischwurst belegt sein mag. Kulturhistorisch gesehen gehört sie einfach nicht zu Deutschland. Is so. Machste nix. Inhaltlich dasselbe. Hätte aber nichts gebracht, weil gegen die Pizza hat ja keiner was. Da liebt dich dann keiner für.

Gut, etwas näher am Thema wäre vielleicht gewesen, wenn er gesagt hätte: «Der Döner gehört nicht zu Deutschland.» Das hätte er wirklich machen können. Rufe in meinem Dönerladen an und frage Hakeem, den Chef, ob er beleidigt wäre, wenn ich oder der Heimatminister behaupten würden: «Der Döner gehört nicht zu Deutschland.»

Er meint, wir könnten sagen, was wir wollen, aber wir müssten aufpassen, dass wir uns nicht vertun. Sie hätten ja jetzt zum Beispiel auch im Angebot: einen veganen Gemüsedöner im glutenfreien Dinkel-Vollkorn-Fladenbrot. Und zu wem, wenn nicht zu Deutschland, würde der denn wohl gehören? Könne es überhaupt ein deutscheres Lebensmittel geben? Welche Heimat bliebe diesem Döner denn noch, wenn man ihm seine eigene verweigere?

Da ist wohl was dran. Wahrscheinlich ist es eine der größten Schwächen aller Religionen, dass es sie nicht vegan, gluten- und laktosefrei gibt.

* * *

Spiegel Online meldet, Donald Trump habe geschrieben, das letzte Schulmassaker hätte verhindert werden können, wenn man nur konsequent alle Lehrer bewaffnet hätte. Fox News und seine Wähler bejubeln ihn angeblich dafür.

Donald Trump und seine Anhänger. Oder wie wir in Berlin sagen: Weiße mit Schuss.

Letzte Nacht habe ich geträumt, Donald Trump sei nur ausgedacht. Ein riesiger Fake. Wie eine Mondlandung in doof. Früher wusste ich bei meinen Träumen wenigstens noch, ob sie Albtraum oder Wunschtraum sind. Heute lässt sich das manchmal nur schwer unterscheiden.

* * *

Jemand, den ich nicht kenne, schickt mir auf Facebook ein Foto von einem großen Salat. Dahinter weites und blaues Meer. Unterschrieben mit: «Die Aussicht von unserer Terrasse in La Baule. Neidisch?»

Antworte «Nö» und schicke zum Beweis ein Foto mit meiner Aussicht. Kekskrümel auf dem Schreibtisch, im Hintergrund ein Bauarbeiterdekolleté.

* * *

Der Städtetag hat vorgeschlagen, den gesamten öffentlichen Nahverkehr in den Ballungsräumen gratis zu machen. Große Aufregung. Viele schimpfen, weil das viel zu teuer sei. Andere lehnen es ab, da davon dann auch Leute profitieren würden, die es gar nicht nötig haben. Oder nicht verdient. Oder die man überhaupt nicht selber ist. Die Nachdenklichen geben zu bedenken, dass sich viele Menschen nicht mehr richtig anstrengen, wenn etwas umsonst sei. Also womöglich nachlässig U-Bahn fahren würden oder da gar nicht mehr pünktlich hingingen. Eben all diese Argumente, die immer reflexartig kommen, wenn man etwas für alle umsonst machen möchte.

Anders jedoch die Berliner Verkehrsbetriebe. Die waren deutlich differenzierter in ihrer Reaktion. Wie so oft. Da war ich ein wenig stolz auf meine BVG. Was ohnehin gar nicht so selten vorkommt. Vor einigen Jahren habe ich sogar schon mal auf dem Einwohnermeldeamt bei Religionszugehörigkeit BVG angegeben. Was man nicht anerkannt hat. Eine Frechheit, wie ich bis heute finde. Denn bei kaum etwas in Berlin sind doch Glaube, Liebe und Hoffnung so wichtig, so elementar erfahrbar wie bei der BVG.

Die Berliner Verkehrsbetriebe haben jedenfalls auch enorme Kosten prophezeit. Doch verstopfte Straßen, ewige Staus und dreckige Luft seien ja nun auch nicht gerade kostenneutral. Insofern: einerseits, andererseits. Also zumindest gesamtvolkswirtschaftlich gesehen.

Der wesentliche Knackpunkt liegt laut BVG jedoch woanders. Denn wenn man wirklich den gesamten Nahverkehr komplett gratis anbieten würde, brächte das vermutlich so viele Menschen dazu, auf den ÖPNV umzusteigen, dass der völlig überlastet wäre und komplett zusammenbrechen würde.

Das fand ich als Argument raffiniert. Das Hauptproblem dieses Plans wäre nach dieser Logik nämlich, dass er funktionieren könnte. Eine klassische Berliner Sorge. Vor nichts fürchtet man sich hier so sehr wie vor einem funktionierenden Plan. Denn darauf ist keiner eingestellt. Also, damit rechnet man ja nicht. Eine allgegenwärtige, durchgängige Angst, die Berlin permanent bei allem umtreibt. Obwohl sie meistens völlig unbegründet ist.

Aber bleiben wir beim Wesentlichen: Würde man den Nahverkehr so attraktiv machen, dass ganz viele auf ihn umsteigen, bräche er sofort zusammen. Als mir das klarwurde, ergaben viele ÖPNV-Erlebnisse aus den letzten Jahren sofort einen Sinn. Das war wie ein Erweckungserlebnis. Damit die BVG auf lange Sicht funktionieren kann, muss man die bequemen, anspruchsvollen Kunden zwischendrin auch immer mal ein bisschen abschrecken. Denen klarmachen, dass das kein Spaß ist, hier durch die Stadt zu fahren. Das hat mit Vergnügen überhaupt nichts zu tun. Großes Missverständnis. So ist das nicht gedacht. Im Gegenteil. Seit mir das bewusst geworden ist, begreife ich Schienenersatzverkehr, Pendelzüge oder komplett gestrichene Busse quasi als Win-win-Situationen. Was mich nicht nach Hause fährt, macht mich härter. Ein Prinzip des Funktionierens durch Abschreckung.

Bei all dem musste ich an einen wirklich lieben Bekannten denken, der schon lange für die BVG arbeitet und vor einiger Zeit mal unabsichtlich einen Satz gesagt hat, den ich seitdem gerne zitiere: «95 Prozent», hat er gesagt, «95 Prozent aller Probleme, die die BVG so hat, wären auf einen Schlag gelöst, wenn man das mit den Fahrgästen nicht mehr machen würde.»

Inhaltlich sicher richtig.

* * *

Beobachte, wie eine Passantin einen der Arbeiter fragt, was denn der Grund für dieses Gerüst sei.

Der Mann schaut sie sehr lange, sehr fragend an. Als er realisiert, dass ihr dies als Antwort nicht reicht, sagt er schließlich: «Arbeiten.» Und geht weg.

Was einem keiner dankt

Rennrodeln war sicherlich nie eine der Sportarten, die mir in meinem Leben bislang sonderlich aufgefallen sind. Umso überraschter war ich, als ich in irgendeinem Winter feststellen durfte: Das interessiert dich! Also Rennrodeln. Der Sport. Vermutlich. Zumindest musste ich einräumen, dass ich die Rennrodelübertragungen mit ständig wachsender Begeisterung verfolgte. Mir teilweise sogar den Wecker dafür stellte. Jedoch nicht wusste, warum. Klar, man staunt immer wieder, was einen so alles interessieren kann, wenn man es nur lange genug beobachtet. Jeder Wissenschaftler wird einem das bestätigen. Aber Rennrodeln?

Man sollte dazu wissen: Ich verstehe nichts vom Rennrodeln. Nach wie vor nicht. Trotz meiner Obsession. Ob da so ein Lauf, so eine einzelne Wettbewerbsfahrt gut oder schlecht ist, kann ich vom reinen Zugucken her nicht beurteilen. Es sei denn, jemand stürzt. Dann wage auch ich mal eine vorsichtige Meinung: «Ah, das war jetzt wahrscheinlich eher nicht so gut. Da hätte ich von abgeraten.»

Wobei, selbst dann werfe ich erst nochmal einen Blick auf die Wettkampfuhr. Rennrodeln gewinnt für mich seine Spannung nämlich nur durch die mitlaufende Zeit. Von der Dramatik her könnte ich auch einfach nur so einer Uhr beim Laufen und irgendwann Stoppen zugucken: «Oh, guck mal, die Uhr stoppt zwei Hundertstel früher, als sie vorher gestoppt hat. Respekt. Eine tolle Zeit. Ich habe heute wieder einige sehr knappe Zeiten gesehen. Das war total spannend. Eine war sogar Weltrekord! So eine Zeit habe ich bislang überhaupt noch nicht gesehen! Keiner hat so eine Zeit schon mal gesehen. Das war richtig was!»

So in etwa könnte mein Fazit zu einem Rennrodelwettkampf aussehen. Aber ich höre nicht auf, das zu schauen. Voller Begeisterung! Warum? Ich musste richtig lange überlegen, bis ich plötzlich begriff: Das ist im Liegen! Natürlich. Eine olympische Sportart, die man im Liegen ausübt. Selbstverständlich begeistert mich das!

Wenn mir als Kind jemand gesagt hätte: «Du kannst Olympiasportler werden mit einem Sport, bei dem man nur so liegt. Wo man möglichst wenig machen soll!» Darum geht es. Das wusste ich vorher auch nicht. Aber während der Übertragungen wurde es erklärt. Wenn es eben möglich ist, soll man nicht mal den Kopf heben. Kein Gucken, kein Zucken, so wenig Lenkbewegungen wie möglich. Nichts Hektisches machen, sondern einfach nur so, geschmeidig, entspannt, ohne irgendwo anzuecken, locker bergab.

Und zwar nur bergab! Ausschließlich! Bergauf gehört gar nicht zu dem Sport dazu. Das kommt mir auch entgegen. Nur bergab ist interessant. Das ist auch meine Stärke. Bergab. Im Liegen. Nicht zu Fuß. Zu Fuß habe ich Schwächen. Schon immer. Im Liegen bin ich auch konditionell stärker! Aber hallo! Haben schon viele zu mir gesagt:

«Meine Herren, Horst! Du kannst liegen! Ich habe schon viele liegen gesehen, aber du bist echt ihr König! Dass dir das auch gar nicht langweilig wird.»

Nein. Wird es nicht. Noch nie. Denn ich kann's ja beidseitig.

Ein Hochleistungssport im ruhigen Liegen. Mann, was hätten sich mir da für Möglichkeiten eröffnet. Stattdessen habe ich in meiner Jugend diese Stresssportarten betrieben.

Fußball und Handball vor allem. Durchaus ernsthaft. Also ich hatte da schon auch Perspektiven, oder zumindest bin ich doch immer mal eingewechselt worden. Das ist sehr wohl vorgekommen! Und dann ging das los. Mit Selberlaufen, das ganze Programm. Was halt während eines Spiels so anfällt. Wer diese Sportarten mal ausgeübt hat, weiß, das ist gar nicht wenig. Im Gegenteil. Das kann einem schnell über den Kopf wachsen. Erst recht, wenn der knallrot, heiß und vom Tempo überfordert ist. Entspannend ist das sicher nicht. Aber hallo!

Wobei, man muss fairerweise sagen: Solange man den Ball nicht hat, geht's eigentlich! Doch. Ohne Ball ist es bei diesen Sportarten sehr gut möglich, den Überblick zu behalten. Nach einiger Zeit weiß man normalerweise, welcher der beiden Mannschaften man angehört. Im Regelfall die, die einen sehr viel mehr anschreit. Wenn die anderen nach vorne laufen, läuft man eben mit nach vorne. Wenn die zurücklaufen, wartet man, bis sie wieder da sind. Das ist alles machbar.

Aber wehe, man kriegt den Ball. Dann ist die Hölle los. Sofort wird gebrüllt: «Du hast den Ball! Du hast den Ball! Aufpassen!» Als wenn ich das nicht selbst merken würde, dass ich den Ball habe. Meine Güte, es ist ja nicht für lange. Was kann schon groß passieren? Stattdessen haben alle plötzlich gute Ratschläge parat: «Gucken! Abspielen! Weiteratmen!» Wie soll man das denn alles gleichzeitig schaffen? Zudem möchte ich klarstellen: Ich habe mich ja nie um den Ball beworben. Es lag zu keinem Zeitpunkt in meinem Interesse, den Ball zu bekommen. Und wenn man ehrlich ist, auch nicht im Interesse meiner Mannschaft.

Dennoch hatte ich meine Stärken. Mein Spitzname im Sportverein war damals tatsächlich «Flash», also Blitz. Ohne Quatsch. Gut, der Name war umstritten. Das gebe ich zu.

Aber ich wurde so genannt. Kann man sich heute kaum mehr vorstellen. War aber so.

Obwohl, einen anderen Jungen haben wir damals «Schnitzel» genannt. Und das wiederum, weil der Vegetarier war. Na ja. Im Schachverein wurde ich seinerzeit übrigens «Brain» genannt.

Rennrodeln jedenfalls wäre sicherlich mein Sport gewesen. Doch heute ist es wohl definitiv zu spät für eine große Karriere auf den Kufen. Nicht wegen des Alters oder weil ich das nicht mehr lernen könnte. Das müsste man erst nochmal abwarten, ob ich das nicht doch hinkriegen würde. Nein, unmöglich ist es wegen dieser Rodelanzüge. Da möchte ich mich nicht drin sehen. Die sind ja schon extrem eng. Nicht mal meine Haut sitzt so eng wie diese Rodelanzüge. Das muss man tragen können. Und wollen.

Auch meine Tochter sollte so was nicht sehen. Will sie auch gar nicht. Hat sie schon gesagt. Niemand sollte das sehen, findet sie. Wo sie wohl recht hat.

Man kann somit sagen, ich verzichte letztlich aus modisch-ästhetischen Gründen auf den Olympiasieg. Oder zumindest auf eine Medaille. Hat ja auch eine gewisse Größe. Dieser Verzicht. Grandezza quasi. Das ist sozusagen mein Geschenk an die Welt. An den Frühling! Sprich: an den Frühling der anderen. Dass die mich nicht im Rodelanzug sehen müssen. Dankt einem ja auch keiner.

Das letzte Kind trägt häufig Fell

Manche meiner Bekannten sind langsam in einem Alter, wo ihre Eltern durchaus etwas seltsam werden. Eine Freundin erzählte mir kürzlich von einem Telefonat mit ihrer Mutter. Bereits dies sei eine recht befremdliche Unterhaltung gewesen. Nach dem Gespräch aber habe die Mutter, statt aufzulegen, aus Versehen den Lautsprecher am Hörer aktiviert. Weshalb die Tochter den folgenden Dialog ihrer Eltern komplett mit anhören konnte. Hier das Protokoll:

Der Vater kommt in die Küche, setzt sich, sagt: «Guten Appetit.»

Die Mutter antwortet: «Guten Appetit.»

Beide schlürfen, vermutlich Suppe, bis der Vater sagt: «Findest du nicht auch, die Haare sind viel zu lang?»

«Welche Haare denn?»

«Na, die von unserem Sohn. Die Haare. Die sind doch viel zu lang.»

«Welcher Sohn denn?»

«Na, der in unserem Wohnzimmer. Wer denn wohl sonst?»

«Aber das ist doch unser Hund!»

«Ach? Und deshalb die langen Haare?»

«Ja, natürlich. Warum denn auch nicht?»

«Verstehe. Und wo ist dann unser Sohn?»

«Wir haben gar keinen Sohn.»

«Was? Warum das denn nicht?»

«Weil wir nur zwei Töchter haben.»

«Warum haben wir denn nur zwei Töchter?»

«Na, weil dein Bruder uns in all den Jahren unserer Ehe nur zweimal besucht hat.»

«Was?»

«Kleiner Scherz. Du hast ja auch keinen Bruder.»

«Ach so. Sicher nicht?»

«Ganz sicher.»

«Halt, halt, halt. Und wer ist das dann, der uns immer nie besucht?»

«Na, deine Schwester.»

«Ah, doch. Das stimmt allerdings. Meine Schwester ist das. Da hast du jetzt mal recht. Die ist auch alt geworden. Findest du nicht? Aber sag ihr das lieber nicht. Sie macht sich sonst nur Gedanken.»

«Natürlich.»

«Hm. Und wo sind denn jetzt unsere Töchter?»

«Doch schon vor Jahren ausgezogen. Deshalb haben wir ja den Hund.»

«Was? Warum das denn?»

«Ach, das weißt du doch. Hatten wir alles besprochen. Wie man so schön sagt: Das letzte Kind trägt häufig Fell.»

«Das sagt man?»

«Ja, selbstverständlich. Das ist so eine Redensart.»

«Sicher?»

«Ganz sicher.»

«Na, wenn du das sagst. Was essen wir hier eigentlich?»

«Suppe.»

«Wie Suppe?»

«Ja, Suppe eben.»

«Ja, dass das Suppe ist, weiß ich auch. Aber was für Suppe denn?»

«Was weiß denn ich?»

«Wie? Du hast sie doch gekocht.»

«Ja und? Nur weil ich die Suppe koche, merke ich mir doch nicht, was ich da alles reintue. Ich hab weiß Gott auch noch anderes um die Ohren.»

«Was denn?»

«So einiges ... also anderes eben. Das willst du gar nicht wissen! Geht dich auch nichts an. So was fragst du doch sonst nie! Wonach schmeckt die Suppe denn?»

«Ja, das weiß ich doch nicht. Deshalb frag ich ja.»

«Aber du isst sie doch. Dann schmeck doch mal nach, wonach sie schmeckt!»

«Mein Gott, wie denn? Ich weiß doch gar nicht, was das für Suppe ist. Wo soll ich denn da hinschmecken? Das kann doch keiner! Da so ins Nichts, ins Blinde schmecken. Das ist doch völliger Blödsinn. Wie soll das gehen? Und ich frage ja auch nur, weil auf der Arbeitsfläche noch so viel kleingeschnittenes Gemüse, Kartoffeln und so stehen. Wo ich dachte, ob du nicht vielleicht vergessen hast, die in die Suppe ...»

Kurzes beidseitiges Schweigen. Bis die Mutter tief durchatmet und das Gespräch wieder aufnimmt.

«Ach du meine Güte. Ja, du, das kann tatsächlich sein.»

«Heißt das, wir essen hier die ganze Zeit eigentlich nur gewürztes Wasser?»

«Sogar ziemlich schwach gewürzt, fürchte ich.»

«Hm, dafür schmeckt es ja eigentlich nicht mal schlecht.»

«Stimmt. Ist womöglich gesund.»

«Womöglich. Und setzt auch nicht so an.»

«Sicher nicht. Ist ja quasi ayurvedisch. Und reicht doch an sich.»

«Genau. Das Gemüse läuft uns ja nicht weg. Das können wir auch morgen noch essen.»

«Eben. Oder wir geben es unserem Sohn.»

«Gute Idee. Wolltest du dem nicht die Haare schneiden?»

«Wem?»

«Was weiß denn ich? Du, ich hab Hunger. Wann gibt es denn heute Essen?»

«Meinetwegen bald. Was hältst du von Suppe?»

«Oh, schön. Das hatten wir lange nicht mehr …»

In diesem Moment legte meine Freundin auf und machte sich sofort auf den Weg zu ihren Eltern. Als sie mitten in der Nacht ankam und klingelte, öffnete ihr verschlafener Vater die Tür und rief:

«Ach, ist das schön! Unsere Tochter kommt uns endlich mal wieder besuchen!»

Um sich dann nach hinten zu drehen und zu brüllen:

«Hat geklappt! Du hattest recht. Wenn wir einfach auf Lautsprecher schalten und dann diesen seltsamen Dialog führen, fährt die sofort los! Das Proben hat sich gelohnt.»

Dann lachte er.

«So, komm rein. Morgen früh rufen wir deine Schwester an und machen es nochmal ganz genauso. Dann können wir alle zusammen Mittag essen.»

Wie gesagt, einige meiner Freunde sind langsam in dem Alter, wo ihre Eltern durchaus etwas seltsam werden.

Mein Leben in dreizehn Berufen:
Landmaschinenmechaniker-Assistent
beziehungsweise Festhalter (1982)

Für jemanden, der eigentlich nichts Richtiges gelernt hat, habe ich erstaunlich viele Berufe ausgeübt. Manche ziemlich lang, andere extrem kurz. Bei einer ersten vorsichtigen Erhebung kam ich auf 31 verschiedene professionelle Tätigkeiten. Von allen möchte ich hier schon aus Platzgründen nicht berichten. Aber durch einen naheliegenden Zahlendreher, der mir unterlaufen ist, erscheint es mir reizvoll, mein bisheriges Berufsleben in zumindest 13 Berufsgeschichten zu skizzieren. 1982 war ich Landmaschinenmechaniker-Assistent und erlebte dies:

Herr Karhan hatte die Gabe. Wann immer ein Fahrzeug auf den Hof rollte, erkannte er am Motorengeräusch nicht nur Fabrikat und Baujahr der Landmaschine, sondern wusste meistens auch sofort, wo das Problem lag und was zu tun war.

Ich wollte mir in den ersten zwei Wochen der Sommerferien unbedingt ein wenig Geld verdienen. Daher vermittelte mir mein Vater diesen Job in einer Landmaschinenwerkstatt und Schmiede. Er hatte die Hoffnung, dass ich dort etwas über Maschinen lernen würde und so später vielleicht auch daheim das eine oder andere reparieren könnte.

Im Betrieb wurde ich Herrn Karhan zugeteilt, und das Einzige, was ich lernte, war Festhalten. Ununterbrochen musste ich Dinge festhalten, damit er sie schrauben, schleifen, sägen, schweißen oder auch nur mal in Ruhe angucken konnte.

Ab und an durfte ich auch etwas wegtragen. Oder Sachen holen. Die ich dann wieder irgendwo festhalten sollte.

Ansonsten lernte ich nichts, da Herr Karhan äußerst schweigsam war. Jahrzehnte später würde ich ihn ehren, indem ich in einem Roman den besten Rattenjäger Berlins nach ihm benannte. Im Laufe eines Tages sagte er im Schnitt nur sieben Worte. Sechsmal «gut», einmal «schlecht». Wenn er mehr als einmal «schlecht» sagte, war das sehr schlecht. Obwohl er ohne Frage eine absolute Kapazität auf seinem Gebiet war, gab er nicht das Geringste von seiner Weisheit weiter. Bis zum letzten Tag.

Nachdem der Chef mich im Büro ausgezahlt hatte, ging er mit mir noch zu Herrn Karhan, damit ich mich verabschieden konnte. Und plötzlich sprach dieser mit mir. Ganze Sätze. Er fragte mich tatsächlich:

«Und? Hat es dir denn auch ein bisschen Spaß gemacht?»

Ich nahm meinen ganzen Mut zusammen und antwortete ehrlich:

«Eigentlich nicht. Also ehrlich gesagt sogar überhaupt gar nicht.»

Daraufhin lächelte Herr Karhan sehr nett und zufrieden.

«Siehst du. Dann hast du hier ja doch noch richtig etwas fürs Leben gelernt, oder?»

Noch ehe ich antworten konnte, schloss er mit «Gut» und ging leise singend zurück an die Arbeit.

Auf dem Weg liegt das Leben

Samstagmittag. Rufe fröhlich durch die Wohnung:

«Ich gehe nur mal eben runter zum Briefkasten. Nach Post gucken.»

Die Freundin bittet mich, dann doch auch schnell das Altglas mitzunehmen, und deutet auf das Flaschen- und Gläsermeer neben dem Kühlschrank. Ich gebe zu bedenken, dass das im Wesentlichen Pfandglas sei. Doch darin sieht sie kein Problem.

«Oh ja, stimmt. Da hast du natürlich recht. Gut, dass dir das aufgefallen ist. Das muss natürlich zum Spätkauf. Is aber nicht schlimm. Das ist ja nur zwei Häuser weiter. Da kannste sogar in Hausschuhen hinlaufen.»

Ich pflichte ihr langsam begreifend bei.

«Ja, Mensch, genau. Und was ich auch total gut in Hausschuhen kann, ist im Haus bleiben. Deshalb heißen die, glaube ich, sogar so. Hausschuhe. Ich wittere einen Zusammenhang.»

Sie guckt. Ich erkläre:

«Ich wollte nur schnell … weil ich ein kleines Päckchen erwarte … wollte ich nur gerade gucken, ob das nicht vielleicht in den Briefkasten gequetscht wurde … oder wir die Klingel nicht gehört haben … und da jetzt ein Benachrichtigungskärtchen …»

Sie unterbricht mein wirres Gestammel. Beruhigt mich mit einem:

«Ach natürlich. Is schon okay. Du hast ja recht. Ich will mich da auch gar nicht einmischen. Mach einfach, wie du wolltest. Ist für mich alles in Ordnung. Selbstverständlich. Solange du nur nicht vergisst, das Pfandglas mitzunehmen.»

Die Tochter kommt in die Küche. Sieht mich die Flaschen in drei Tüten packen.

«Oh super, du willst tatsächlich Pfandglas wegbringen.»

«Na ja, die einen sagen so, die andern so.»

«Ich find's super. Kannst du dann bitte auch ein Brot mitbringen?»

«Vom Spätkauf?»

«Nee, aber der Bäcker ist ja nur ein paar Schritte weiter.»

«Ich bin in Hausschuhen!»

Die Freundin schaltet sich ein.

«Nix, nix, nix. In Hausschuhen gehst du mir aber nicht zum Bäcker. Die Leute reden eh schon.»

«Was? Seit wann kennen wir denn Leute? Und warum wissen wir, was die reden? Wieso interessiert mich das überhaupt. Ich will doch nur zum Briefkasten …»

Die Tochter staunt:

«Der Briefkasten am Supermarkt?»

Die Freundin ist verwirrt.

«Wie Supermarkt? Also wenn du bis zum Supermarkt gehst, musst du mir das aber vorher sagen. Da hab ich doch ne Liste.»

Sie holt einen riesigen Einkaufszettel. Drückt ihn mir mit mehreren Einkaufsbeuteln in die Hand.

Rufe: «Halt, halt, halt! Das ist alles ein Riesenmissverständnis. Ich will gar nicht zum Supermarkt.»

Die Freundin ist verwundert.

«Aber wo willst du denn dann die ganzen Sachen einkaufen?»

«Wie? Warum? Ich will überhaupt gar nicht einkaufen.»

Sie nimmt meine Hand. Schaut mich mit großen, warmen Augen an. Spricht:

«Natürlich willst du das nicht. Das versteh ich gut. Und ich würde ja auch selbst gehen. Aber weißt du: Irgendwie sind die Sachen, wenn du sie kaufst, viel leckerer. Ich weiß auch nicht, wie du das machst. Offensichtlich hast du eine besondere Gabe. Ich gebe es nicht gerne zu, aber ich bin wirklich ein bisschen neidisch auf dich. Im Einkaufen bist du unschlagbar. Sagen auch meine Freundinnen. Wir reden da viel drüber. Was du einkaufen kannst, das ist schon nicht mehr normal. Da bist du ganz weit vorne. Der Allerallerbeste! Von allen! Keine Ahnung, wie du das immer schaffst. Aber du schaffst es immer wieder! Respekt.»

Sie lächelt.

Ich weiß, dass sie weiß, dass ich weiß, dass sie lügt. Aber sie weiß auch, dass ich weiß, dass sie weiß, dass ich keine Lüge lieber glaube als die, dass ich in irgendwas der Allerbeste bin. Denke, da kann man nichts machen, freue mich über meinen Triumph und ziehe mir die Schuhe an.

Die Tochter fragt derweil, ob ich auch zum Drogeriemarkt gehe. Weil von da braucht sie noch mehr.

«Warum zum Teufel sollte ich denn jetzt auch noch zum Drogeriemarkt gehen?»

«Na, weil der doch nun praktisch auf dem Weg liegt.»

«Was? Das stimmt doch gar nicht. Der liegt aber null auf dem Weg. Im Gegenteil. Der ist sogar noch deutlich *hinter* dem Supermarkt.»

Die Tochter nickt.

«Ja, klar. Aber nur, wenn du so rum läufst.»

«Hä?»

«Na ja, wenn du zuerst zum Drogeriemarkt gingest, läge

der Supermarkt auf dem Rückweg ja quasi direkt auf dem Weg.»

Ich muss zugeben, da ist was dran. Bin zu meiner eigenen Überraschung stolz aufs Kind.

«Und da ist dann ja auch gleich noch der Bioladen», ergänzt die Freundin.

«Welcher Bioladen?»

«Na der, der da dann auch auf diesem Weg da so mit bei liegt.»

«Was für ein Weg soll das denn sein? Der Bioladen! Also jetzt hört's aber wirklich auf. Der Bioladen! Weißt du, wie du da laufen musst, damit der auf dem Weg liegt? Der Bioladen! Der ist ja sogar noch hinter der Post …»

Stille.

Zehn Sekunden lang Stille.

In der ich begreifen kann: Das war ein Fehler! Wobei, eigentlich wusste ich das ja sogar schon beim Sagen. Aber wer kennt das nicht? Dass man schon zu Beginn des Satzes ein inneres Schreien hört: «Neeeiiin!!!» Aber man kann nichts mehr machen. Der Satz ist nicht mehr aufzuhalten. Man schaut sozusagen dem eigenen Satz beim Gesagtwerden zu, bis er schließlich im allgemeinen Bewusstsein aufschlägt, um dort seine Kreise zu ziehen.

Und da kommt die Freundin auch schon mit zwei mittelgroßen Retourpaketen.

«Mensch, das ist ja toll, dass du auch zur Post gehst. Das hilft mir richtig.»

Zudem drückt sie mir diverse Abholzettel in die Hand, vom Schuster, der Reinigung und ein paar Geschäften, von denen ich immer dachte: Wer geht denn da rein?. Jetzt weiß ich: Ich. Ich bin das, der da reingeht.

Werde kurz ohnmächtig. Aber nur so eine geheime Ohnmacht. Wo man einfach stehen bleibt, guckt, atmet und eigentlich keiner außer einem selbst überhaupt merkt, dass man ohnmächtig ist. Hab ich öfter mal. Ist ganz schön, dann hat man mal einen Moment Pause.

Als ich wieder zu mir komme, hat die Freundin bereits rund fünfzehn Einkaufs-, Wunsch- und Abholzettel für verschiedene Geschäfte unseres Viertels zusammengetragen und überreicht sie mir in einer Art Schnellhefter. Stolz verkündet sie:

«Hier! Ich habe sie so in eine Reihenfolge gelegt, dass alles praktisch perfekt auf dem Weg liegt. Sollste sehn, das merkste gar nicht, wenn du das läufst.»

Dann schiebt sie mich raus.

Ich kann mich täuschen, aber ich meine gehört zu haben, wie, nachdem die Tür ins Schloss gefallen war, sich Mutter und Tochter abgeklatscht haben.

Unser Briefkasten unten war übrigens leer. Als ich deshalb nochmal oben anrufe, meint die Tochter. «Jaja, ich hab vorhin schon die Post hochgeholt. Dann aber vergessen. Da du auch so viel Raum eingenommen hast mit deinen ganzen Plänen, wo du überall hinwillst … Klar, für dich ist auch ein kleines Päckchen dabei gewesen. Wieso?»

Bevor ich antworten kann, ist die Freundin am Apparat.

«Gut, dass du nochmal anrufst. Als wenn du es geahnt hättest, was? Mir ist nämlich doch noch was eingefallen. Aber da müsstest du kurz in die U-Bahn. Wobei, das ist ja kein Ding, die ist ja gleich bei der Post. Doch wenn du dann eh schon einmal mit der U-Bahn unterwegs bist, wäre es schön, wenn du auch noch schnell …»

Als ich zwei Tage später, nach einer alles in allem durchaus erlebnisreichen Besorgungsfahrt, die mich letztlich bis kurz vor die Ostsee geführt hat, schwerbepackt wieder nach Hause komme, denke ich: Verdammt. Jetzt habe ich aber doch glatt vergessen, das Pfandglas mitzunehmen!

Moderne Väter

Als Vater einer pubertierenden Tochter steht man ja heutzutage irgendwie ständig im Verdacht, zu nachgiebig zu sein. Oder sich manipulieren zu lassen.

Das ist bei uns kein Thema. Wobei ich natürlich auch ein moderner Vater bin. Also einer, der mit verständiger, liebevoller Haltung erzieht. Klarer Kompass und so, diese Schiene. Mache ich selbstredend.

Obwohl, offen gestanden, ich bin wohl doch ein ziemlich strenger Vater. Total streng, genau genommen. Also eigentlich verbiete ich immer alles. Komplett. Knallhart! Meistens höre ich schon gar nicht mehr richtig hin, sondern verbiete direkt. Zack!, noch bevor gefragt wurde. Fertig, aus. Ist für die Kinder ja auch angenehmer, wenn sie sich nicht mühsam Argumente zurechtlegen müssen, sondern ich ohne Umschweife verbiete. Bevor überhaupt einer was beantragt. Klare Ansage. Ich bin ja schließlich kein Ponyhof. Und das zieh ich auch eisern durch. Also zumindest so lange, bis die Tochter irgendwann nachhakt: «Echt, wirklich?»

Und dann gebe ich halt nach. Konsequent. Immer. Das ist ja das Wichtigste in der Erziehung. Dass man eine klare Linie verfolgt. Transparent. Das ist bei mir gegeben. Total streng und gradlinig. Bis ich nachgebe.

Also im Prinzip kann man sagen, ich erziehe meine Tochter so, wie das Wirtschaftsministerium die Rüstungsexporte kontrolliert. Absolut streng, gemäß allen ethischen Vorgaben. Es sei denn, jemand will was kaufen. Dann muss man den Einzelfall prüfen.

Wie neulich, als das Kind zu irgendeiner Party wollte und ich ihm klipp und klar sagte, um zwölf habe es aber zu Hause zu sein. Das missfiel ihr offensichtlich, aber sie wusste auch, wenn ich mal eine Ansage gemacht habe, dann ist das so. Kannste gar nichts mehr machen.

Also fügte sie sich in verständigem Gehorsam, so wie sie ja weiß, dass es für sie immer das Beste ist, auf meinen weisen Rat zu hören.

Kurze Zeit später wollte sie Geld für ein Taxi, weil alle anderen bis zwei bleiben durften und sie sonst alleine um die Zeit quer durch den Bezirk müsste. Ich durchschaute ihr Manöver natürlich sofort und sagte:

«Nichts da, Taxi. Das könnte dir so passen. Du bleibst gefälligst so wie die anderen auch schön bis um zwei, und dann geht ihr zusammen. Ha!»

Ein paarmal bettelte sie noch, doch vielleicht nicht ganz so lang auf der Party bleiben zu müssen, aber ich blieb hart. Die Kinder müssen irgendwann auch mal lernen, dass es Regeln gibt. Um jetzt aber nicht ganz so despotisch aufzutreten, habe ich ihr am Ende zumindest noch das Geld fürs Taxi gegeben, damit sie nicht um zwei Uhr zu Fuß quer durch den Bezirk laufen müssen.

Obwohl Tochter und Vater alles in allem sehr zufrieden mit dem Kompromiss waren, verweigerte mir die Mutter später das Lob für meinen Erziehungserfolg. Erst recht, nachdem sich herausgestellt hatte, dass eigentlich alle Freundinnen bis um halb eins hätten zu Hause sein sollen, und nur weil unsere Tochter bis zwei bleiben durfte, auch allen anderen der Ausgang verlängert wurde.

Immerhin habe ich aus diesem Erlebnis gelernt. Als sie wenige Tage später abends noch einmal loswollte, unter der Woche, weil da noch ein Treffen mit Freunden im Park oder so sei, fragte sie mich, wann sie wieder zu Hause sein solle. Und ich habe diesmal einfach gesagt:

«Ist egal. Entscheide du.»

Und nun hatte sie das Problem. Was sie auch überhaupt nicht gut fand. Wie sie mir zu verstehen gab.

«Na super, da machste es dir ja schön einfach. Der feine Herr, das wird jetzt auch noch delegiert ...»

Woraufhin ich antwortete:

«Ja, aber komm. Du weißt doch viel besser, wann du morgen in der Schule sein musst. Und wie fit du da sein musst und überhaupt.»

«Ja, natürlich. Und wenn ich dann morgen müde bin, ist das meine Schuld, oder was? Nee, nee, nee. Du musst mir eine Zeit mitgeben.»

So ging das ewig hin und her. Sie wollte unbedingt eine Uhrzeit, ich wollte ihr keine geben. Bis sie irgendwann meinte: «Echt, wirklich?» Und ich nachgegeben habe.

«Gut, dann biste halt um zehn zu Hause.»

Woraufhin sie entsetzt war:

«Waaaaas? Waruuuumm? Ich hab doch morgen erst zur dritten! Alle anderen dürfen länger! Das ist so peinlich! Warum machst du so was?»

«Aber du hast doch gesagt, ich soll eine Zeit sagen.»

«Ja, eben. Damit ich dann dagegen protestieren kann.»

«Das ergibt doch keinen Sinn.»

«Tut es wohl. Wenn ich von mir aus entscheide, ich bin um zehn zu Hause, ist das nichts wert. Das ist eine beliebige Zufallszeit ohne Bedeutung. Aber wenn du sagst zehn, und ich handele halb elf raus, dann sind das dreißig Minuten Qualitätszeit. Gewonnene Zeit. Die zählt quasi mindestens doppelt!»

Womit sie natürlich recht hat. Wie ich ohnehin feststellen muss, dass sie mir in ihrem Denken leider häufig sehr viel ähnlicher ist, als mir das manchmal lieb sein kann. Teilweise habe ich das Gefühl, mit mir selbst zu diskutieren. Nur in jünger und wacher. Wobei, ab und zu bin ich auch wirklich richtig stolz. Wie kürzlich, wo sie etwas gesagt hat, was mir schon extrem gut gefiel. Als sie nämlich in einem ähnlichen, aber anderen Zusammenhang relativ plötzlich den, wie ich finde, großartigen Satz sagte:

«Solange ihr euren Tisch über meine Füße stellt ... erwarte ich klare Ansagen.»

Für so einen Moment hat sich dann ja doch die ganze Erziehung gelohnt.

Mein Leben in dreizehn Berufen: Koch oder
Die linke Hand Gottes (1988)

Der Rosenhof an der B51 engagierte einmal im Jahr einen
Meisterkoch aus Bremen, um seinen Gästen so ein echtes
Sternemenü anbieten zu können. Die Tische waren Monate,
teilweise Jahre vorher vergeben, obwohl der Spaß wirklich
nicht gerade günstig war. Für Diepholzer Verhältnisse.

Genau genommen hatte der Maître seit Jahren keinen
Stern mehr. Doch das war für dieses Ereignis wohl nicht weiter von Belang. «Kochen verlernt man ja nicht» beziehungsweise «einmal Gott, immer Gott», wie der Chef des Land-
gasthofes zu sagen pflegte.

Sein Star kam alleine und arbeitete mit der üblichen
Küchenmannschaft des Rosenhofs, die allerdings um einige
Helfer erweitert werden musste, da es ja so voll und das
Menü so extraordinär war. Natürlich musste auch die Toch-
ter des Hauses mithelfen. Doch genau an diesem Tag im Jahr
1988 war das Konzert von Supertramp in Hannover, und so
forderte sie einen alten Gefallen bei mir ein, wodurch das
Unglück seinen Lauf nahm.

Eigentlich sollte Ingo für sie einspringen. Doch der hatte
sich genau in der Nacht vor dem großen Tag den Fuß gebrochen. Bei dem Versuch, ein Lagerfeuer auszutreten. Trotz
erheblicher Trunkenheit. Er muss auf einen der abgrenzen-
den Steine getreten sein. Mehrfach. Vielleicht auch auf verschiedene Steine. Das ließ sich nicht mehr rekonstruieren.
Eventuell hatte der Fuß auch Brandwunden. Möglicherweise
auch beide Füße. In jedem Fall ging es Ingo nicht so gut.

Ich war schon seit über einem Jahr in Berlin und nur zufällig bei meinen Eltern. Ingo begegnete ich am Morgen dieses Tages im Krankenhaus, wo ich meine Mutter besuchte. Ingo und ich kennen uns schon seit immer. Ingo, der als Kind übrigens keinen Hund haben durfte und deshalb einem Ferkel das Stöckchenholen beigebracht hatte, schenkte mir vor vielen Jahren die knickbare Jugendzimmerschreibtischlampe, von der ich mich bis heute nicht trennen kann.

Eigentlich hatte diese Lampe aber seinem Bruder Jens gehört, der später fast seinen Hauptschulabschluss nicht bekam, weil er einem Lehrer mit der nackten Faust ins Gesicht geschlagen hatte. Was aber ein Missverständnis war, da er sich einfach verhört hat, wie Jens danach immer wieder beteuerte. Was er eigentlich gehört haben wollte, hat er nie verraten. Es kann aber sein, dass ihm die alte Schultafel zu diesem Schlag geraten hat. Das vermutete zumindest Sonja, die auch mehrfach das Gefühl hatte, die Tafel würde zu ihr sprechen.

Sonja hatte ich kennengelernt, weil ihr Tanzschulpartner unmittelbar vor dem Abtanzball erkrankt war und meine Partnerin Katrin sich kurz vor diesem Abschlussabend überstürzt in Detlef verliebt hatte, was nun Sonja und mich zum Tanzpaar machte. Allerdings haben sich dann Detlef und Katrin noch am Abend des Balles wieder zerstritten und getrennt, weshalb Detlef grußlos gegangen ist. Wodurch schließlich Sonja mit Katrin getanzt hat und ich am Tresen saß.

Ein unglücklicher Verlauf für mich. Dachte ich. Bis ich Susanne, die Tochter des Wirtes, kennenlernte, die hinter der Theke aushalf. Sie rettete mir den Abend und noch viele weitere Wochen.

Der Ort des Abtanzballes war natürlich ebenjener gehobene Landgasthof mit Festsaal an der B51, in dem nun der Sternekoch gastierte. Womit alle Zusammenhänge geklärt sein dürften. Jedenfalls bat mich Susanne nun, ihr und Ingo aus dieser vermaledeiten Lage zu helfen. Da ich tatsächlich beiden noch mindestens einen großen Gefallen schuldete, fand ich mich am Abend als Helfer des Meisterkochs wieder.

Der war außerordentlich enttäuscht, dass nicht die hübsche, patente und flinke Susanne an seiner Seite war, die er wohl schon seit Jahren kannte. Sondern ein verträumter, langsamer, spektakulär ungeschickter Bursche aus Berlin, einer Stadt, die er nicht besonders mochte. Obwohl sich keiner der Gäste beschwerte oder auch nur irgendwas ungewöhnlich fand, entschuldigte er sich mehrfach für mich bei den Gästen. Öffentlich. Zeigte dabei sogar einige Male mit dem nackten Finger auf die ersten nackten Stellen in meinem Haupthaar. Bei der abschließenden launigen Vorstellungsrunde der Küchenmannschaft, in der er über jeden Mitwirkenden, besonders aber über die halb- und nichtprofessionellen Helfer etwas übertrieben Nettes erfand, wie «der Schnippel-Rastelli aus Hagewede» oder «die Frida Kahlo des Telleranrichtens», betitelte er mich mit: «Die linke Hand Gottes».

Wenngleich dies sogar das mit Abstand Freundlichste war, was er während des ganzen Abends über mich geäußert hatte, verlor ich doch in diesem Moment die Fassung und tat etwas sehr Schlimmes. Ich trat vor und sprach viel zu laut:

«Aber angeführt wurden wir natürlich von Gott höchstpersönlich, dem Konrad Kujau der Meisterköche.»

Konrad Kujau war der Hochstapler mit den Hitler-Tagebüchern. Ein Name, den damals noch wirklich jeder kannte. Nach meinem Satz wurde es still. Unglaublich still. Schweigend gingen wir alle wieder in die Küche, und dann wurde es laut. Unfassbar laut. Aber auch gefährlich. Was genau geschah, ist sicher aus heutiger Sicht unwichtig und bedarf auch keiner Wiederholung. Nur so viel: Wenn ein hauptberuflicher Koch in einer hauptberuflichen Küche richtig wütend auf dich ist, weißt du zum ersten Mal, was richtige Wut ist. Aber alle haben überlebt. Immerhin.

Zur Sühne schwor ich mir, etwas wirklich Gutes für die Welt und den Kosmos zu tun. Nämlich nie wieder ernsthaft als Koch oder Küchenhilfe zu arbeiten. Das zumindest ist mir bis heute gelungen.

Da, wo sie wissen, wie man die Torte verkauft

Im Café in Travemünde. Der Kellner fragt, ob ich ein Stück Torte zum Kaffee möchte. Man habe sehr gute Torte, findet er. Quasi berühmt sei man für die Torte hier.

Ich überlege. «Hm, was denn für eine Sorte Torte?»

«Marzipantorte. Wir haben nur noch ein Stück übrig, gewissermaßen ein Beweis dafür, wie gut die Torte ist.»

«Ja, da kann man wohl denn nichts machen», antworte ich, «aber ich mag leider keine Marzipantorte.»

Er meint, das mache nichts, ihre Marzipantorte schmecke praktisch überhaupt nicht wie Marzipantorte. Das würden alle sagen. Das sei das Geheimnis. Gerade Menschen, die keine Marzipantorte mögen, seien begeistert von ihrer Marzipantorte. Weil die ja so gar nicht wie Marzipantorte schmecke. Deshalb sollte ich da mal unbedingt ein Stück von probieren.

Ein überraschendes Argument. Der Kellner erinnert mich an meine Mutter. Deren Strategie früher war ganz ähnlich.

«Heute gibt es Fisch.»

«Ich mag doch keinen Fisch.»

«Ja, aber dieser Fisch schmeckt gar nicht wie Fisch. Den wirst du mögen.»

Laut meiner Mutter hat es in meiner gesamten Kindheit praktisch nie Fisch gegeben, der wie Fisch geschmeckt hat. Da ich den sonst ja nicht gemocht hätte. Wie sich allerdings zeigte, mochte ich auch den Fisch nicht, der nicht nach Fisch geschmeckt hat. Im Gegenteil. Heute denke ich manchmal, dass ich womöglich normalen Fisch nie nicht gemocht habe. Sondern nur eben das nicht lecker fand, was angeblich nicht nach Fisch schmeckte, wir aber als Fisch gegessen haben. Dafür spricht, dass ich mittlerweile viele Fischsorten sehr gerne esse. Da die ja tatsächlich nach meinem Empfinden heute gar nicht nach Fisch schmecken. Sondern nochmal anders. Aber das sind vielleicht auch kulinarische Spitzfindigkeiten.

Höre zwei Frauen am Nachbartisch reden.

«Sag mal, was war eigentlich Sonntag?»

«Wie, was war Sonntag?»

«Na, Sonntag. Wolltest du da nich noch vorbeikommen?»

«Wollte ich?»

«Ja, wolltest du.»

«Echt? Ach so. Na ja, nee, ging denn doch nich.»

«Ging nich?»

«Nee, ging nich.»

«Warum nich?»

«Na, ging eben nich.»

«Ja und wieso nich?»

«Sag ich nich.»

«Wie, sagste nich?»

«Na, sag ich eben nich.»

«Wie? Jetzt echt?»

«Ja, echt. Sag ich nich.»

«Ah, dann weiß ich schon.»

«Was?»

«Na, wenn du's nich sagst, dann weiß ich schon.»

«Was weißt du dann schon, wenn ich's nich sage?»

«Na, was du nich sagen willst, das weiß ich dann schon.»

«Ah ja? Und was genau denkst du denn, was du schon weißt, was ich nich sagen will?»

«Das sag ich nich.»

«Wie, was sagst du nich?»

«Na, was ich denke, was ich dann schon weiß, was du nich sagen willst. Das sag ich jetzt nich.»

«Wenn schon. Ich kann's mir dann ja auch sowieso schon denken.»

«Wie? Was kannst du dir denn jetzt auch schon wieder denken?»

«Na, was du denkst. Also ich kann mir schon denken, was du denkst, was du schon weißt, was du nich sagen willst, weil du meinst, dass du schon weißt, was ich denke, was du denkst, was ich meine.»

Der Kellner kommt wieder. Mit einem Stück Sachertorte. Das kommt unerwartet.

«Meinten Sie nicht, Sie hätten nur noch Marzipantorte?»

«Ja, aber jetzt ist doch anders. Jetzt haben wir nur noch Sachertorte. Die werden Sie mögen.»

Bin skeptisch. Erwidere:

«Schade, ich hatte mich schon auf die Marzipantorte gefreut.»

Damit verblüffe ich ihn.

«Hatten Sie nicht gesagt, Sie mögen eigentlich keine Marzipantorte?

«Ja, aber das war, als ich noch dachte, es gäbe nur Marzipantorte. Nun, wo es plötzlich keine Marzipantorte mehr gibt, wirkt sich das natürlich auch auf meine Vorlieben aus. Angebot und Nachfrage, verstehen Sie?»

Er nickt.

«Ja, klar, wer kennt das nicht. Aber kein Problem. Unsere Sachertorte schmeckt ja praktisch genauso wie die Marzipantorte. Sagen alle. Das ist das Geheimnis. Die werden Sie mögen.»

«Aber hatten Sie nicht gesagt, die Marzipantorte würde gar nicht wie Marzipantorte schmecken?»

«Ja, natürlich. Dadurch ist es für die Sachertorte ja auch viel einfacher, wie eine Marzipantorte zu schmecken. Eben weil die nicht nach Marzipantorte schmeckt. Sonst ergäbe das ja alles gar keinen Sinn. Denken Sie doch mal logisch.»

«Würde es mir in dieser Sache nützen, wenn ich logisch denke?»

«Es nützt Ihnen, wenn Sie die Torte genießen. Glauben Sie mir, Sie werden begeistert sein. Ich wette, Sie wollen dann sogar noch ein zweites Stück.»

Er schaut jetzt tatsächlich so, als wolle er mich hypnotisieren. Dann ist er plötzlich einfach verschwunden.

Schade, durch unser Geplänkel habe ich den Mittelteil bei den beiden Damen am Nachbartisch verpasst. Versuche, wieder einzusteigen.

«... und ich weiß dann nämlich schon, was ich nich sage, was du weißt, was ich mir schon denken kann, was ich meine, was du dir denken kannst, was du schon weißt, wovon ich glaube, was du denkst, was ich weiß, was du meinst, wo ich denke, wieso du denkst, was ich meine, was du schon weißt, warum ich denke, was du meinst und wieso.»

Ihre Köpfe sind längst knallrot. Die Haare wirken zerzaust. Wie haben sie das so schnell geschafft? Plötzlich jedoch sind sie ganz still, schauen zu verschiedenen, weit entfernten Punkten, atmen bewusst und tief durch, bis die eine verblüffend sachlich feststellt:

«Ach, eigentlich finde ich das ja auch irgendwie gut, dass du mir nicht sagst, was Sonntag war.»

«Im Ernst?»

«Ja. Ich meine, wenn ich mir das recht überlege, hättest du mich ja schließlich auch einfach anlügen können.»

«Hm. Können hätte ich das wohl gekonnt.»

«Aber wollen wollteste das ja wohl offensichtlich nicht.»

«Nee. Obwohl ich mir auch schon gedacht habe, dass das dann zu Diskussionen führt.»

«Und trotzdem warst du so aufrichtig, mir ganz offen nichts zu verraten. Is ja an sich ein Vertrauensbeweis.»

«Hm. Weil sich echte Freundinnen eben nicht verheimlichen, dass sie sich Dinge verheimlichen.»

«Genau. Jemandem, der einem einfach so immer alles verrät, will man dann ja auch nichts wirklich anvertrauen.»

Beide lachen zufrieden, stehen auf, herzen sich, zahlen und gehen entspannt scherzend raus.

Während ich ihnen neidisch nachschaue, bringt mir der Kellner ungefragt das zweite Stück Torte. Ich winke ab.

«Tut mir leid. Die Wette verlieren Sie. Für mich sicher kein zweites Stück.»

Er beugt sich tief zu mir runter:

«Und wie wäre es, wenn ich Ihnen, falls Sie doch ein zweites Stück nehmen, verraten würde, was jetzt eigentlich am Sonntag gewesen ist?»

Mensch, Travemünde. Die wissen aber schon, wie man die Torte verkauft. War übrigens gar nicht schlecht. Diese Torte. Hat tatsächlich fast wie Käsekuchen geschmeckt.

Hier kocht der Gast selbst

Vor einer Weile hatte ich ein Erlebnis, das mich doch sehr nachdenklich zurückließ. Ich war mit einer größeren Gruppe Menschen, die ich teils wenig, teils gar nicht kannte, in einem Restaurant, in dem man sich das Essen selber kochen muss. Also man bekommt einen Grill auf den Tisch gestellt und auch einen Wok. Dazu die ganzen Zutaten, und dann kann man sich das Fleisch, den Fisch, das Gemüse und anderes selbst an Ort und Stelle grillen oder braten. Das ist jetzt wohl so ein neuer Trend. Table-Cooking.

Nachdem Vapiano vor einigen Jahren das Konzept «Sei dein eigener Kellner» entwickelt hat, ist das nun der nächste Schritt. Mir war ja schon nicht klar, worin für mich der Vorteil liegen soll, wenn ich mein Gericht nicht mehr gemütlich am Tisch sitzend auswählen und bestellen kann, sondern Schlange stehen muss, um dann dem Koch alles selbst mitzuteilen, ihm beim Kochen zuzugucken und später mit dem kalt werdenden Essen einen Tisch zu suchen. Dass dem Kunden das gefallen soll, darauf muss man auch erst mal kommen. Dennoch war das Konzept lange Zeit irrsinnig erfolgreich.

Und jetzt geht es weiter mit der «Die-Gäste-kochen-selber-Idee». Wobei dies immerhin atmosphärisch einleuchtend ist. Denn man sitzt ja quasi in der Küche. Wo es schließlich immer am schönsten ist und die Partys am besten sind. Hinterher riecht man allerdings auch genauso. Eben als hätte man den ganzen Abend selbst über dem Grill gehangen. Das sollte man bei der Wahl der Garderobe beachten.

Aber egal. Die nächste Stufe werden wahrscheinlich Lokale sein, in denen einem nur noch Hühner zugetrieben werden, die man dann selbst fangen, schlachten und rupfen muss. Ehrliche Küche. Quasi ganzheitlich. So ein Restaurant würde vermutlich wirklich gut laufen. Aus den Federn könnte man sich dort noch ein schönes Kopfkissen machen und aus Hühnerfüßen feinsten Schmuck, als Andenken an einen unvergesslichen Abend.

Mit Ikea hat das Ganze angefangen. Als die eben die Idee hatten, das Zusammenschrauben der Möbel an die Kundschaft zu delegieren. Was die Menschen bis heute gut finden. Wird sich dieser Trend demnächst noch auf andere Branchen ausweiten? Also bekommen wir Zahnärzte, bei denen man sich die Backenzähne selbst ziehen kann? Herrenausstatter, die den Kunden eine Nähmaschine, einen Ballen Stoff sowie ein Schnittmuster hinlegen und ihnen viel Glück wünschen? Oder Versicherungen, bei denen man sich selbst irgendeinen sinnlosen Scheiß aufschwatzen muss?

Ein Freund erzählte mal, wie er mit seinem alten Golf in eine Kfz-Werkstatt gefahren ist. Als er auf den Hof rollte, rief er bei runtergelassenem Fenster ganz laut: «Au! Au! Das klingt aber gar nicht gut. Der Motor! Au! Au! Na, das wird nicht billig! Also, ob sich das überhaupt noch lohnt? Da nochmal dranzugehen? Also ich weiß ja nicht! Eijeijei, eijeijei …» Und so weiter und so fort.

Der völlig überrumpelte Werkstattbesitzer sei daraufhin so verwirrt gewesen, dass er ihn sofort beruhigt habe: «So schlimm ist das doch alles gar nicht, jetzt übertreiben Sie mal nicht …», um ihm dann den Wagen sehr schnell und günstig zu reparieren. Man sollte eben nie unterschätzen, wie wichtig es Handwerkern ist, dass der Kunde irrt. Das lassen sie sich zur Not auch mal was kosten.

Der Beruf eines der Menschen, mit denen ich in diesem Table-Cooking-Restaurant war, war hingegen Proktologe. Also das, was man in unserer Familie Popodoktor nennt. Tatsächlich einer der Berufe, bei denen ich mich frage, ob das da wohl auch so ist wie bei mir: Bei mir ist es nämlich so, dass mich Leute, die zum ersten Mal hören, was ich beruflich mache, gerne bitten, was Lustiges zu erzählen. Damit sie so einen Eindruck bekommen. Von meinem Beruf. Was ich so mache. Und da würde mich eben interessieren, ob das Proktologen genauso ergeht. Also, ob die von Leuten, die sie zum ersten Mal treffen, auch gebeten werden, mal kurz was aus ihrem Berufsalltag zu demonstrieren. Um so einen Eindruck zu bekommen. Wahrscheinlich nicht.

Wobei es diesem Proktologen vermutlich gar nichts ausgemacht hätte. Denn der hatte ohnehin ein sehr launiges Verhältnis zu seinem Beruf. Erst wollte er ihn mir allerdings gar nicht verraten. Ich sollte, warum auch immer, selbst darauf kommen. Da ich keine Ahnung hatte, bekam ich von ihm als Tipp: «Ich habe die Arschkarte gezogen.» Was mir nicht half. Weshalb er als zweiten Tipp nachschob: «Ich bin den ganzen Tag am Arsch.» Woraufhin ich vermutete, er sei Persönlicher Referent von Verkehrsminister Scheuer, was niemand außer mir lustig fand. Wo ich dann gleich anfügen konnte, das gebe jetzt mal einen guten Eindruck von meinem Berufsalltag. Was dazu führte, dass mir endlich sein Beruf gesagt wurde.

Ich habe dann noch erzählt, dass Dietmar Wischmeyer mal von einem Urologen berichtet hat, der immer, wenn er den Behandlungsraum betreten hat, gesagt haben soll: «Klingelingeling, hier kommt der Eiermann!» Was absurderweise auch niemand witzig fand. Stattdessen wurde ich darüber informiert, dass Proktologen Urologen nicht besonders mögen. Wohl weil Urologen die Proktologen gerne als «die dunkle Seite der Macht» bezeichnen, was uns zur traurigen Entwicklung der Star-Wars-Filme und dann wieder zurück zu der Frage brachte, wann es wohl die ersten Friedhöfe gibt, auf denen man sich selbst das Grab schaufeln muss.

Doch all das war immer noch nicht das, was mich später so nachdenklich zurückgelassen hat. Das geschah nämlich erst, als wir zum Ende unseres gemeinsamen Kochens in den Wok geguckt haben und ausgerechnet der Proktologe sagte: «Also so was Unappetitliches habe ich nun wirklich noch nie gesehen.»

Da hatte ich mal einen Eindruck.

Mein Leben in dreizehn Berufen:
Chemiearbeiter (1985)

Die Chemiefabrik war der weitaus größte Arbeitgeber im ganzen Landkreis. Ich war nicht wenig stolz darauf, hier einen exzellent bezahlten Schichtarbeitsjob für vier Wochen bekommen zu haben.

Wir stellten Granulat her. In unserer und in noch zwei weiteren Hallen. Unmengen von Granulat. Als ich nach drei Tagen den Vorarbeiter fragte, was eigentlich aus diesem ganzen Granulat produziert werde, schaute mich dieser erschrocken an. Nach langem Überlegen antwortete er schließlich: «Alles.» Wahrscheinlich hatte er damit sogar recht.

Ich arbeitete in der Qualitätskontrolle. Dies bedeutete, dass ich das lange, langsam laufende Band mit dem frisch hergestellten, noch nicht getrockneten und zerkleinerten Granulat begutachten und jede Verunreinigung entfernen, also wegschneiden musste. In unserem Bereich gab es vier solche Bänder und einen Oberkontrolleur, der uns Kontrolleure kontrollierte. Dazu einen Hauptkontrolleur, der die drei Oberkontrolleure der insgesamt zwölf Bänder in der Halle kontrollierte. Darüber hinaus einen Chefkontrolleur, der alle Hauptkontrolleure sämtlicher Hallen überwachte. Sowie im Mutterhaus in Süddeutschland noch einen Gesamtkontrolleur, der die Chefkontrolleure aller weltweiten Standorte kontrollierte. Dieser wurde natürlich vom Qualitätsmanagement kontrolliert, das der Kontrolle der Geschäftsführung unterstand, die vom Aufsichtsrat kontrolliert wurde, dessen Kontrolle den Aktionären oblag. Also kurz gesagt: Ein Fehler war ausgeschlossen. Oder zumindest ein Fehler, der unbemerkt blieb.

Als ich an meinem letzten Tag den Vorarbeiter fragte, warum es eigentlich so wahnsinnig wichtig sei, dass dieses Granulat absolut unverdreckt sei, musste er wieder sehr lange überlegen. Dann sagte er: «Weil davon sehr viele Arbeitsplätze abhängen.» Vermutlich hatte er auch damit recht.

19. September 2018

Das Gerüst am Haus steht immer noch. Gearbeitet wurde dort in den letzten sechs Monaten, soweit ich das beurteilen kann, nicht. Im April hätte es wohl abgebaut werden sollen. Aber offenkundig entdeckte eine Anwohnerin im letzten Moment, dass zwischen Gerüst und Hauswand Spatzen ihr Nest gebaut haben. Der Brutschutz ist sehr streng, weshalb das Gerüst also stehen bleiben musste. Mittlerweile sind die Tiere weg. Das Gerüst jedoch wurde vermutlich vergessen.

* * *

In der «Bild»-Zeitung tobt eine Diskussion um Bauernregeln. Das Umweltministerium hatte die sich vor anderthalb Jahren ausgedacht, um sanft auf eine umsichtigere, würdevollere, auch den Schutz von Insekten- und Pflanzenarten berücksichtigende Landwirtschaft hinzuwirken. Mit neuen Bauernregeln wie: «Steht das Schwein auf einem Bein, ist der Schweinestall zu klein.» Oder: «Haut Ackergift die Pflanzen um, bleiben auch die Vögel stumm.»

Nun findet das Landwirtschaftsministerium, diese Reime würden die deutschen Bauern beleidigen. Riesenstreit. Es wird langsam ein bisschen anstrengend, wie schnell immer alle beleidigt sind. Manche Moslems sind beleidigt, wenn man Witze macht, manche Christen sind beleidigt, wenn man ihnen die Waffen wegnehmen will, manche Rechtsradikale sind beleidigt, wenn man sie rechtsradikal nennt, mancher US-Präsident ist beleidigt, wenn – na ja, quasi egal, was man tut. Aber jetzt auch die Bauern? Die hatten doch sonst eigentlich eher die Ruhe weg.

Ich fand die neuen Bauernregeln eigentlich gar nicht schlecht. Und sie haben auch nachdenklich gemacht. Also vor allem diese: «Ohne Blumen auf der Wiese geht's den Bienen richtig miese.» Das hat mich schon betroffen gemacht. Allerdings vor allem wegen des Reims.

* * *

Steve Bannon, der ehemalige Berater von Donald Trump, soll sich gegenüber amerikanischen Journalisten gern mit Darth Vader verglichen haben. Darth Vader, die dunkle Seite der Macht, und man werde schon bald sehen, was das bedeute. Wie es heißt, habe er dies ohne jede Ironie gesagt.

Da liegt die Überlegung nahe, was geschähe, wenn Trump gar keine Lust mehr hätte, auf irgendjemanden Rücksicht zu nehmen und wutentbrannt mit folgenden Worten beschließen würde: «Wir bauen jetzt den Todesstern. Jetzt ist Schluss. Wir bauen den Todesstern, weil wir es können. Einfach so! Dann haben wir die ultimative Waffe, und keiner quatscht uns mehr blöde rein. Ha!» Was macht der Rest der Menschheit dann? Welche Hoffnung bliebe noch?

Ich denke, der letzte seriöse Ausweg für die übrige Weltbevölkerung wäre es, den Auftrag für den *Bau* dieses Todessterns irgendwie nach Berlin und Brandenburg zu lotsen. Das könnte uns retten. Man müsste nur überzeugend darlegen, dass das alles gar kein Problem sei. Der Todesstern zügig gebaut werde. Im Frühjahr sei Eröffnung. Das laufe. Gar kein Problem. Der Termin werde gehalten. Was sollte schon schiefgehen? Wir würden einfach nicht sagen, welches Frühjahr.

Viele fragen sich in diesen Zeiten, in der Superheldengeschichten so populär sind: Könnte ich nicht auch ein Superheld sein? Was könnte meine außergewöhnliche Fähigkeit sein, mit der ich einmal die ganze Welt rette?

Für Berlin und Brandenburg kennen wir die längst. Ganz, ganz langsam bauen können. Sodass man es mit bloßem Auge praktisch nicht erkennen kann. Darum beneidet uns die ganze Welt. Mancher hat schon versucht mitzuhalten. Erfolglos.

Blicken wir mal zwei, drei Jahre zurück. Als sich Hamburg plötzlich auf Augenhöhe wähnte. Was wurde da nicht getönt, wegen der Elbphilharmonie. Das sei ja alles noch viel schlimmer als mit dem BER. Das würde wirklich nie was. Das ginge gar nicht. Eine viel größere Katastrophe und Fehlplanung wäre das. Die ziehe sich über Jahrzehnte. Dagegen wäre der BER noch harmlos. Ein Witz sozusagen!

Wo ich schon damals gesagt habe: «Na, na, na. Die spucken ja ganz schön große Töne. Jetzt lass mal so ein, zwei Jahre abwarten. Sollste sehen. Die verlieren die Nerven. Die Hamburger packen das nicht. Für so eine ewige Problembaustelle brauchst du ein ganz anderes Nervenkostüm. Ne ganz andere Statur. Wirste sehn. Die werden irgendwann einknicken und zack: fertig bauen!»

Und so ist es denn ja auch gekommen.

Stuttgart 21? Ein ganz anderer Gegner. Da ist Substanz hinter. Die haben schon dreimal ihre gesamte Finanzplanung pulverisiert, ohne auch nur über einen Eröffnungstermin nachzudenken. Da merkt man, da sind Leute am Werk, die wissen, was sie tun. Kannste in Berlin und Brandenburg jeden fragen. Vor Stuttgart 21 haben alle Respekt. Die könnten auf Augenhöhe kommen. Aber Elbphilharmonie? Lächerlich, also im Nachhinein gesehen.

* * *

Habe nun auch selbst angefangen, neue Bauernregeln zu erfinden. Zum Beispiel fürs Restaurant: «Wird blass der Gast, zum Klo hin schnellt er, war der Fisch schon etwas älter.» Oder im Café: «Gucken alle hoch abrupt, ist das WLAN wohl kaputt.» Könnte man auch im ICE-Großraumabteil nutzen.

* * *

In der «Zeit» finde ich einen Artikel über die Zeitumstellung. Ausgerechnet. Früher wäre das ein bisschen lustig gewesen. «Zeit kritisiert Zeitumstellung.» Unter anderem geht es um die, die unter der Zeitumstellung besonders zu leiden haben. Tiere in ihren Ställen zum Beispiel. Ich weiß nicht, wann der Autor sich das letzte Mal mit den Zuständen in der industriellen Tierhaltung befasst hat, würde ihm aber versichern wollen: Die Zeitumstellung ist eines der kleineren Probleme der Lebewesen dort.

Nun soll die Sommerzeit oder die Winterzeit oder beides ja bald ganz abgeschafft werden. Was ich sehr schade finde. Denn ich war immer ein großer Freund der Zeitumstellung. Mehr noch, ich hätte mir offen gestanden mehr Zeitumstellung gewünscht. Wenn es nur zweimal im Jahr passiert, ist doch klar, dass man sich nie so richtig daran gewöhnt und die Verwirrung bleibt: Muss die Uhr vor- oder zurückgestellt werden? Und warum? Hat meine Uhr das jetzt selbständig getan oder nicht? Das ist doch alles unübersichtlich.

Um die Akzeptanz für die Zeitumstellung zu erhöhen, hätte man das konsequenter machen müssen. Die Zeitumstellung radikalisieren. Indem man sie täglich durchführt. Also jede Nacht die Uhr eine Stunde zurückstellt, sodass man immer eine Stunde mehr hat. Beziehungsweise später aufstehen muss. Durchgehend. Das ganze Jahr über. Ich denke, das wäre eine Zeitumstellung gewesen, die vermutlich sehr viel besser angenommen worden wäre.

Selbstverständlich wäre es so einfach nun auch wieder nicht gegangen. Das ist mir klar. Muss ja vom Kalender her aufgehen. Damit sich das aufs Jahr hin ausgleicht, hätte man dafür natürlich jeden vierten Montag ersatzlos streichen müssen. Logisch. Und jeden zwölften Dienstag in Monaten mit «r» auch noch. Aber dann ginge es. Ohne Probleme. Ich hab's durchgerechnet. Mathematisch wäre das überhaupt kein Problem. Wie man unsere Welt doch nur mit ein bisschen Rechnen besser machen könnte.

* * *

Links auf dem Baugerüst sitzt ein Vater mit seiner ungefähr vierjährigen Tochter. Sie haben sich schon im Sommer mit einem Gitter eine Art Balkon gebaut. Der Vater meint, sie müssten später noch zu Kaiser's. Das Kind fragt daraufhin, warum ihre Eltern eigentlich immer Kaiser's zu dem Rewe-Markt sagen. Der Papa erklärt ihr, dass der Markt früher Kaiser's geheißen habe, dann aber wie alle Kaiser's-Märkte von Rewe und Edeka gekauft worden sei. Die Tochter befindet, dass der Name Kaiser's sehr viel besser sei als Rewe oder Edeka. Hätte man sie gefragt, hätte sie von einer derartigen Namensverschlechterung unbedingt abgeraten. Also sinngemäß meinte sie dies. Das Mädchen hat es ein wenig einfacher ausgedrückt und mit Würge- und Kotzgeräuschen untermalt.

Kurze Zeit später allerdings fasst sie einen erstaunlichen Entschluss, als sie plötzlich wortwörtlich verkündet: «Wenn ich groß bin, kaufe ich Jonas, dann kann ich ihn Findus nennen.»

* * *

Die Freundin meint, ich hätte wieder im Schlaf Essen bestellt. Das würde ich seit einiger Zeit ständig machen. Also während ich schlafe Restaurantbestellungen aufgeben. Antworte ihr mit meiner neusten Bauernregel: «Diäten gibt es viel und doch, die beste bleibt ein schlechter Koch.»

Der Pfropfen oder Wie ich einmal fast einen Weltrekord im Gesundsein aufgestellt hätte

Markus hat mir eine Bewegungs-App empfohlen. Seit er dieses Programm in Kombination mit einer Ernährungs-App und einer Schlaf-App nutze, deren tägliche, wöchentliche und monatliche Aufgaben seriös erfülle und alles statistisch erfassen lasse, sei sein Leben ein anderes geworden, schwärmt er. Praktisch nie mehr krank fühle er sich, energiegeladen und zwanzig Jahre jünger.

Dabei sei er ja eigentlich gar kein App-Typ. Wolle sich gar nicht so viel mit so was befassen. Nicht zu viel Zeit mit derartigem Zeug vergeuden. Dem digitalen Quatsch. Aber dieser elektronische Fitnesstrainer habe ihn überzeugt. Mindestens vierzig vergleichbare Apps habe er ausprobiert. Doch diese sei die beste. Sogar die beste App überhaupt. Neben der App, die ihm hilft, nicht mehr so viele Apps zu benutzen.

Also habe auch ich sie versucht. Die Herausforderungen gewissenhaft angenommen. Gewissenhaft heißt bei mir, ich mache es zumindest doppelt, besser aber drei- oder viermal so gut wie empfohlen. Steht beispielsweise bei einem Wanderweg «voraussichtliche Dauer ca. 4 Stunden», bin ich niedergeschlagen, wenn ich es nicht unter dreieinhalb schaffe.

Das ist eine meiner Krankheiten. Die mir schon häufig geschadet hat. Aus der ich aber trotzdem nichts lerne. Worauf ich fatalerweise auch noch irgendwie stolz bin. Auf eine bizarre Art. Doch das will sicher keiner wissen. Am wenigsten ich.

Drei Tage lang ging alles gut mit der App. Vermutlich sind anfangs die Anforderungen absichtlich extrem schlicht. Damit man nicht gleich entmutigt ist. Da war die dreifache Menge ein Klacks. Ich war mir schon sicher, in Kürze bereits dreimal gesünder zu sein als alle anderen gesunden Menschen. Mindestens. Möglicherweise könnte ich sogar irgendwann einen Weltrekord im Gesundsein aufstellen. Wenn es gut läuft. Dachte ich. Es lief aber nicht gut.

Am vierten Tag sollte ich fünfzig Stockwerke ersteigen. Also habe ich hundertfünfzig gemacht. Logisch. Schließlich wollte ich die App ja nachhaltig beeindrucken. Ihr direkt klarmachen, mit wem sie es hier zu tun hat. Vielleicht hatte ich auch die Hoffnung, die App würde aufgeben, wenn ich ihr gleich den Schneid abkaufe. Sobald sie begriffe, wie ihre «Challenges» unter meinen Muskeln zerbröseln, könnte ihr Glaube schwinden. Würde sie womöglich einsehen, dass sie das nicht packt. Also mich, der ich einfach zu stark für sie bin.

Dann hätte ich gewonnen, könnte wieder gemütlich auf dem Sofa liegen und Serien gucken. Bis zur nächsten aufmüpfigen App. Während man Sport treibt, hat der Kopf ja viel Zeit, ordentlich was wegzudenken. Jede Menge, oft erstaunliches Zeug. Da sind zum Teil auch Dinge dabei, bei denen man verblüfft feststellt: So kenn ich mein Gehirn ja gar nicht.

Nach hundertvierzig Stockwerken, also nachdem ich fünfunddreißigmal unser Treppenhaus rauf- und runtergelaufen war, hatte ich einen seltsamen Ruf bei den Nachbarn und was in der Wade. So einen kleinen Knoten, Knorpel oder Verhärtung. Einen massiven Pfropfen eben. Ich beschloss, mir da mal nicht weiter Gedanken drüber zu machen.

Nach fünf Minuten war ich mit dem «mir keine Gedanken machen» fertig und begann, nach «Knoten in der Wade» zu googeln. Kurz darauf fasste ich die Ergebnisse zusammen und konnte nun mit ziemlicher Wahrscheinlichkeit sagen, dass ich laut dem, was da zusammengegoogelt war, alles in allem wohl nur noch vierundzwanzig Stunden zu leben hatte.

Im ersten Schreck erwog ich nun doch, vielleicht einmal eine richtige Ärztin aufzusuchen. Aber nur kurz. Ganz kurz. Denn wie so oft: Im Angesicht einer großen Gefahr gewinnt man plötzlich eine enorme Klarheit. In den Gedanken. Immerhin. Wie unsinnig ist es denn, wenn man nur noch vierundzwanzig Stunden zu leben hat, diese mit Arztbesuchen zu verbringen? Wie bekloppt kann man sein?

Also tat ich das einzig Vernünftige und googelte weiter. Mit Erfolg. Bald ließen die Ergebnisse keinen anderen Schluss mehr zu, als dass ich schon vor einigen Tagen verstorben war. Das war gut. Brachte Klarheit und hat erst mal den Druck rausgenommen. Mir ein wenig Luft verschafft. Wenn ohnehin alles zu spät ist, entfällt dadurch zumindest dieser zermürbende Zeitdruck.

So habe ich also neulich immerhin etwas Erstaunliches über mich erfahren. Wer auch schon einmal tot war, weiß, wie nachdenklich einen das machen kann. Wie sagt ein von mir schroff übersetztes georgisches Sprichwort so schön:

«Erst wenn die Suppe verschüttet ist, weißt du, wie gut sie dir geschmeckt hätte.»

Das habe ich übrigens auch gegoogelt.

Die Modernisierung der Normalität (Alexa)

Peters Haus wurde kürzlich modernisiert. Das ist derzeit in Berlin natürlich nichts Ungewöhnliches. Es wurde mit einer obskuren Dämmung versehen, und man hat auch Balkone angebracht. Überall dort, wo es baulich ging. Vor Peters Wohnung im dritten Stock ging es. Zu seinem Leidwesen. Wegen der damit verbundenen, sehr erheblichen Mieterhöhung hat Peter allerdings gegen diese Modernisierung geklagt. Und gewonnen. Immerhin.

Die Baumaßnahmen wurden selbstverständlich trotzdem durchgeführt. Peter hat nun einen neuen Balkon, den er aber nicht betreten darf. Er muss so tun, als sei dieser Balkon gar nicht da. Quasi Luft soll er für ihn sein. Deshalb hat Peter nun das Hobby des Freikletterns für sich entdeckt. Dies bedeutet, er seilt sich mehrfach täglich an der Fassade seines Hauses ab. Auf Höhe des Balkons. Also theoretisch. Denn tatsächlich stößt er ja beim Abseilen schon sehr früh auf diesen Balkon aus Luft. Unabsichtlich. Aus Pech sozusagen.

Also gut, von außen betrachtet wirkt es in der Tat wohl so, als würde er einfach nur mit einem um den Bauch gebundenen Seil auf dem Balkon stehen. Oder auch sitzen, weil ab und zu seilt er zusätzlich einen Stuhl, manchmal sogar einen Tisch mit ab. Wichtig ist nur, laut Peter, dass alles angebunden ist. Da der Balkon ja offiziell Luft ist und ohne Seilsicherung seine sämtlichen Sachen auf den Bürgersteig fallen würden. Also offiziell. Doch angeseilt geht es. Ganz regulär. Sagt Peter.

Den neuen Fahrstuhl darf er auch nicht benutzen. Aber er kann, meint Peter, wenn er nach Hause kommt, natürlich einen Nachbarn auf seinem Stockwerk besuchen. Zu dem er dann mit dem Fahrstuhl hochfährt. Denn der Nachbar hat ihn ja nicht abgelehnt. Weshalb dessen Gäste den Lift natürlich auch benutzen dürfen. Dabei spiele es keine Rolle, wie lange der Besuch dauere. Sagt Peter. Im Prinzip muss er gar nicht in die Wohnung rein. Nur kurz klingeln reicht schon, meint Peter, auf dem Rückweg vom Nachbarn kommt er dann ja automatisch bei seiner Wohnung vorbei. Klar, die Nachbarn sind mittlerweile manchmal genervt, weil er deshalb ständig bei ihnen klingelt. Aber Peter möchte sich eben einfach an die Regeln halten. So ist er nun mal.

Stehe also mit Peter und einem um den Bauch gebundenen Seil auf seinem Luft-Balkon, als er erzählt:

«Seit der Modernisierung haben wir echt sehr viele neue Mieter hier. Die sind schon nett im Großen und Ganzen, aber teilweise auch komisch, und außerdem haben die so Sachen.»

«Was denn für Sachen?»

«Na, so Sachen eben. Warte mal.» Er holt ein Megaphon, lehnt sich etwas über das Balkongeländer nach außen und brüllt dann gegen das Haus: «Alexa! Spiel bitte mal ‹Waterloo› von ABBA!»

Aus mindestens zehn Wohnungen ertönt sofort: «Dinge dinge dinge dinge, da daaa …»

Ich staune: «Du hast von hier aus Zugriff auf die ganzen Alexas im Haus?»

«Größtenteils, mit dem Megaphon funktioniert das verblüffend gut. Das ist ziemlich cool. So eine gute Anlage hatte ich noch nie. Eigentlich sind es ja auch zehn. Damit kann ich quasi die ganze Straße beschallen. Das ist schon super! Wir machen hier oft richtig Party. Also ich, höhö!»

In Heilbronn gab es kürzlich einen Fall, wo jemand die Alexa seines Nachbarn mitten in der Nacht gestartet und aufgefordert hat, extrem laut Musik zu spielen. Um dann die Polizei wegen Ruhestörung zu rufen.

Also ich finde, das beschreibt die Zeit, in der wir leben, eigentlich ziemlich gut.

Mein Leben in dreizehn Berufen:
Taxifahrer (1991)

«Guck mich an», lachte mein Taxiunternehmer, «ich habe im zweiten Anlauf mit Ach und Krach meinen Hauptschulabschluss bekommen. Ein Akt der Gnade eigentlich. Mehr für meinen guten Willen als für meine Leistungen. Und heute? Arbeiten drei Doktoren und sogar ein richtiger Professor für mich. Dazu noch fünf weitere Fahrer mit Hochschulabschluss. Bin ich der Chef von.» Er strahlte. «Also genau genommen bist du als Student ja völlig unterqualifiziert für meinen Betrieb hier.»

Seine Freude war aufrichtig. Nicht auf eine gehässige Art, sondern aus unschuldigem Stolz heraus. Daher bedauerte er auch manchmal, dass seine Akademiker alles nur Geisteswissenschaftler waren. Ein richtiger Doktor oder zumindest ein Naturwissenschaftler, das hätte ihm sehr gefallen. Doch die waren einfach nicht zu kriegen. Somit musste er sich mit den Geisteswissenschaftlern arrangieren, obwohl die ja, wie er einmal sagte, quasi schon von Berufs wegen nichts Richtiges gelernt hätten. Per definitionem sozusagen.

Was so ja nun auch wieder nicht stimmte. Zumindest Taxi fahren konnten wir schließlich alle. Und manchmal waren wir sogar in der Lage, den Menschen zu helfen, bei denen die Kunst eines Arztes nutzlos gewesen wäre.

«Brrrzzshcshjchstrasssse», sagte der Mann, nachdem er in mein Taxi gestiegen war. Trotz aller Routine im Verstehen schwer lallender Fahrgäste war ich hier machtlos. «Brrrzzshcshjchstrasssse», wiederholte er. Allerdings schon deutlich lauter und wütender. Dann schlief er ein. Tief und fest. Ich versuchte vieles, aber bekam ihn nicht mehr wach. Er war viel zu groß und dick, als dass ich ihn aus dem Taxi hätte werfen können. Mit der Hilfe von Kollegen vielleicht. Aber die waren da oft sehr rabiat, fast brutal. Das wollte ich ihm nicht zumuten. Zumindest nicht sofort. Ich fischte das Portemonnaie aus seiner Hosentasche, in der Hoffnung, einen Ausweis mit Adresse zu finden. Dass er davon nicht aufwachte, machte mir bewusst, wie groß mein Problem war.

Er wohnte in der Clayallee. Die nun leider gewiss nicht die «Brrrzzshcshjchstrasssse» war, zu der er ja wohl wollte. Dennoch fuhr ich ihn nach Zehlendorf und klingelte an seiner Wohnung. Durch die Brieftasche wusste ich ja, dass er sich die Fahrt leisten konnte.

Hier wohnte nun jemand anderes. Seit kurzem. Ich hätte Glück, meinte der, dass der Name des Vormieters noch an der Klingel stünde. Und er wiederum habe Glück, da er mir so das Gerümpel mitgeben könne, das dieser widerrechtlich in der Wohnung gelassen habe. Ich lehnte das ab. Er bot mir fünfzig Mark dafür. Wir waren im Geschäft.

Es waren drei große Umzugkartons und noch mehrere Müllsäcke voller Zeug. Obwohl ich eine Kombitaxe hatte, bekamen wir den ganzen Kram gerade so rein. Zwei der Säcke mussten auf die Rückbank und rahmten meinen Fahrgast nun ein. Der schnarchte laut, hatte aber nach wie vor kein Interesse aufzuwachen.

Der Nachbar kannte sogar die Adresse «Brrrzzshcshjchstrasssse». Es war die Beusselstraße 5. Bei Möller. Dahin musste er immer die Post weiterschicken.

In der Beusselstraße öffnete mir eine recht nette, aber resolute Frau. Sie meinte, sie habe meinen Kunden vor drei Tagen rausgeworfen. Seitdem sei er wohl auf Kneipentour gewesen. Dann ging sie zu ihm, sagte ziemlich leise: «Wach auf!,» und er war sofort wach. Sogar leidlich nüchtern.

Zur Belohnung brüllte sie ihn nun an:

«Der nette Herr hier hat für dich endlich deinen Umzug gemacht. Wehe, du bezahlst ihn dafür nicht anständig.»

«Darf ich dann bleiben?»

«Meinetwegen ... Erst mal.»

Ihn interessierte offensichtlich gar nicht, wie er in diese Situation geraten war. Stattdessen bedankte er sich überschwänglich bei mir, da ich seiner Meinung nach seine Beziehung, seine Zukunft, ja sein ganzes Leben gerettet hätte.

Er bezahlte mich tatsächlich sehr ordentlich. Das hätte er bei einem Umzugsunternehmen wohl billiger haben können.

In meiner gesamten Zeit als Kutscher hatte ich keine Geburt und auch keinen geheimnisvollen Fahrgast, der den großen Satz «Folgen Sie bitte unauffällig dem Fahrzeug dort vorne» zu mir sagte. Aber wenigstens konnte ich eine Beziehung retten. Also erst mal. Nicht schlecht für einen Taxifahrer, der nicht mal sein Studium richtig abgeschlossen hatte.

Da hammse aber hoffentlich ordentlich Zeit mitgebracht

«Au, das kann dauern», sagt die medizinisch-technische Assistentin beim Hautarzt. «Da hammse aber hoffentlich ordentlich Zeit mitgebracht.»

«Na ja, geht so», antworte ich. «Wie lange wird es denn ungefähr dauern?»

«Kann man so nicht sagen. Kann lange dauern. Kann sich aber auch richtig ziehen. Aber gut, das letzte Mal, dass uns ein Patient im Wartezimmer wegen Altersschwäche weggestorben ist, ist nu auch schon wieder eine Weile her.»

«Bitte?»

«Kleiner Scherz. Höhö. Bei dem, was hier los ist, muss man auch mal einen Spaß machen. So sind wir hier. Wir machen Scherze. Anders hält man das doch gar nicht aus. Könnse glauben. Was hier manchmal los ist. Da muss man Scherze machen. Sonst geht das ja gar nicht. Und wir machen Scherze. Da könnse von ausgehen. Wir würden ja bekloppt werden sonst. Das ist amtlich! Ohne Scherze wär hier … Schlimm. Hörnse mir auf! Und selbst unsere Scherze sind ja praktisch nur mit Humor zu ertragen.»

«Aha. Ist das …»

«… noch 'n Scherz. Ganz genau. Die fliegen hier tief. Gehnse mal lieber in Deckung.»

«Werd ich machen. Wo ist denn das Wartezimmer?»

«Wie wo? Na gleich hier vorne. Der nächste große Raum. Hallo? Wer selber guckt, sieht mehr.»

«Der Raum soll das Wartezimmer sein? Da finden doch gerade Untersuchungen statt!»

«Nee, das sind nur andere wartende Patienten. Die sich aus Langeweile schon mal gegenseitig ihre Leberflecken und Hautsensationen zeigen. Hier ist alles ganz familiär. Nich so pingelig. Und einige der Patienten warten ja nun auch schon so lange, dass die mittlerweile vom Wartezimmer aus selbst ein Medizin-Fernstudium angefangen haben. Zwei haben, glaube ich, sogar schon ihre Zwischenprüfung.»

«Im Ernst?»

«Höhö! Reingefallen! Das war ein Scherz! Nur einer hat schon die Zwischenprüfung.»

«Bitte?»

«Ja, danke auch. Mensch, in Sachen Humor sind Sie aber nicht so weit vorn dabei, was?»

«Ja, das höre ich häufiger.»

«Da müssen Sie dran arbeiten. Sonst kommse hier nicht weit. Ich sag immer, entweder du machst den Scherz, oder du wirst der Scherz. Und Sie sind hier schon richtig was geworden.»

Sie kichert. Damit es nicht noch witziger wird, lache ich mit und setze mich dann ins Wartezimmer. Die Stammgäste hier haben mittlerweile ihre gegenseitigen Untersuchungen abgeschlossen. Irgendwie ist die Atmosphäre schon ziemlich hübsch. Das muss ich zugeben.

Was allerdings tatsächlich auf eine häufig längere Wartezeit hindeutet, ist der wirklich sehr, sehr große Speisekarten-Stapel von Pizzabringdiensten neben den Zeitschriften. Wie lange muss das Warten gedauert haben? Also wie hungrig muss einer sein, um sich hier, umgeben von riesigen Bildern an der Wand, die gewaltige, teils sehr farbige Hautausschläge,

Ekzeme und Melanome zeigen, eine Pizza zu bestellen und auch noch zu essen?

Ein paar von den Bringdiensten haben Fotos von ihren Speisen in den Karten. Vergleiche sie mit den Bildern der Hautausschläge. Das hätte ich nicht tun sollen. Die Ähnlichkeit ist bemerkenswert. Es wird gewiss lange dauern, bis ich ohne doofe Bilder im Kopf das nächste Mal Pizza essen kann. Lasagne womöglich nie wieder.

Ich habe einen Freund, der bestellt sich gerne mal warmes Essen, um auf diese Weise gegen zu lange Wartezeiten zu protestieren. Das ist so seine Marotte. Er hat sich schon bei Behörden, in Supermarktkassenschlangen oder vor Postschaltern Pizzen bestellt. Mehr noch, einmal war ich dabei, wie er sich in einem recht schicken Restaurant, während wir ewig auf das Essen warteten, zur Überbrückung Spaghetti Carbonara liefern ließ. Wir haben dort seitdem Hausverbot.

Ich hingegen döse aus Protest gegen die Wartezeit ein. Als ich wieder aufwache, sitze ich zu meiner großen Überraschung schon im Behandlungszimmer.

«Was liegt an?», fragt der Hautarzt.

«Na, ich habe da so eine neue dunkle Stelle, in der Achselhöhle quasi.»

«Eine neue dunkle Stelle?»

«Ja, hier, das ist sie. Wahrscheinlich harmlos. Habe ich mir auch gedacht. Aber dann war ich mir doch nicht sicher. Und da dachte ich, ehe ich ständig dran denke, gehe ich lieber zum Arzt. Damit das Drandenken aufhört, dachte ich …»

«Ouh!», unterbricht mich der Doktor. «Ouh, ouh! Ouh, gut, dass Sie gekommen sind!»

«Das ist nicht ganz die Beruhigung, die ich mir vorgestellt hatte. Ist es schlimm?»

«Allerdings. Aber wenigstens behandelbar. Denke ich.»

«Echt? Was kann man denn da machen?»

Er runzelt die Stirn.

«Waschen! Ja. Also ich will jetzt auch nicht zu viel versprechen. Aber wenn Sie Glück haben und einen günstigen Verlauf, könnte das vielleicht doch noch helfen!»

«Sie meinen, das ist nur Dreck?»

«Nee, das Dunkle ist schon ein neuer Leberfleck. Aber der ist wohl harmlos. Wäre schön, wenn man das über Ihren Achselgeruch auch sagen könnte. Kann man aber nicht! Ouh! Also zumindest nicht, ohne zu lügen. Mann, mann, mann, mann, mann.»

«Na ja, ich saß jetzt aber auch ne ziemliche Weile im Wartezimmer.»

«Ich weiß. Das tut mir leid. Wir überlegen deshalb schon, demnächst möblierte Zimmer mit Bed and Breakfast und kleinem Bad in unserem Wartebereich anzubieten.»

«Echt?»

«Ja, Wartezimmertourismus. Sie werden sehen, das wird das nächste ganz große Ding.»

«Das glaube ich. Und was ist jetzt genau mit dem Leberfleck?»

«Ouh, das darf ich Ihnen leider nun so direkt gar nicht sagen.»

«Warum nicht?»

«Datenschutz. Die neue DSGVO verpflichtet uns, erst das Einverständnis des Leberflecks einzuholen, bevor wir seine Daten an Sie weitergeben.»

«Ach so.»

«Nix ach so. Das war ein Scherz. Wir machen hier Scherze. Aus therapeutischen Gründen. Hat man Ihnen das vorne nicht gesagt?»

Dann untersucht er mich richtig. Komplett. Sprich auch und gerade in den Ecken, wo die Sonne nicht hinscheint. Was ich der Sonne nicht verdenken kann.

Der Arzt sagt: «Geben Sie mir mal Ihr Handy. Ich fotografier Ihnen das schnell. Dann können Sie selber immer mal gucken, wenn sich was verändert.»

Ich brauche einen Moment, bis ich begreife, dass er das ernst meint. Also richtig ernst. Dann hat er alles einfach fotografiert. Mit meinem Telefon. Vorher nochmal erläutert: «Ist das Einfachste. So können Sie immer selber mal gucken, ob sich da was verändert.»

Er macht Fotos in Bereichen, wo noch nie zuvor ein Mensch fotografiert hat. Auch mit anderen Geräten. Ich hoffe sehr, dass er die Bilder später nicht auch in sein Wartezimmer hängt.

Um mich von dem Gedanken abzulenken, nehme ich unser Gespräch wieder auf.

«Wenn Sie das mit dem Wartezimmertourismus wirklich machen, wäre übrigens auch ein Restaurant schön.»

Er lacht.

«Nee, das mit dem Pizzaservice ist super. Das ernährt unsere Mitarbeiter.»

«Ihre Mitarbeiter?»

«Natürlich. Ist Ihnen das nicht aufgefallen? Immer wenn was geliefert wird, worauf unsere Leute große Lust haben, kommt der Patient praktisch genau in dem Moment dran. Er weiß dann nicht, wohin mit der Pizza, und schenkt sie in den meisten Fällen einfach unserem Personal. Darauf verlassen die sich mittlerweile. Kleiner Tipp: Wenn Sie das nächste Mal hier ganz schnell drankommen wollen, bestellen Sie sich einfach beim guten Italiener nebenan Pizza Piccante. Dann geht das ratzfatz!»

«Sicher?»

«Selbstverständlich. Oder denken Sie etwa, wir machen hier Scherze?»

Das geht ab wie Schmidts Katze

Im Baumarkt. Sehe, wie ein junger Mann eine Verkäuferin anspricht:

«Entschuldigung, haben Sie so möglichst schalldichtes Klebeband?»

«Schalldicht?»

«Oder zumindest schalldämmend.»

«Wofür brauchen Sie das denn genau?»

«Na, wenn man jemandem den Mund zuklebt. Dass man den dann möglichst nicht mehr hört.»

«Tatsächlich?»

«Ja, es wäre aber auch gut, wenn es trotzdem feste Klebeeigenschaften auf der Haut hätte, speziell an Hand- und Fußgelenken. Dann kann man alles mit derselben Rolle Klebeband erledigen. Das wäre praktisch.»

Die anderen Kunden und ich starren uns, ihn und die Verkäuferin an. Schweigend. Sehr schweigend. Es herrscht sozusagen eine Stille, als wäre ein Sargträger gestolpert. Was übrigens in meiner Heimatregion ein durchaus geflügeltes Wort war. Allerdings mochte es niemand mehr benutzen, nachdem der leicht angetrunkene Zimmermann Richard Leber tatsächlich beim Sargtragen gestolpert war. Zumal er daraufhin so unglücklich von dem kippenden Sarg getroffen wurde, dass er mit dem Kopf voll auf die große, massive Natursteinfigur der Jungfrau Maria am Kapellenausgang schlug. Wobei er erstaunlicherweise im Großen und Ganzen unverletzt blieb. Also abgesehen von einer heftigen Platzwunde am

Kopf. Die allerdings hinterließ einen derart gewaltigen Blutfleck auf der Jungfrau Maria, dass man hätte glauben mögen, der komplette Kopf sei an der Mutter-Jesu-Statue geplatzt, wie eine Bierflasche im Eisfach.

Ist er aber nicht. Nicht mal der Sarg ist kaputtgegangen. Im Gegenteil, niemand aus der gesamten Gemeinde hätte es vorher für möglich gehalten, dass sechs Träger, die alle ins Stolpern geraten waren und teilweise bluteten, eine aus dem Sarg gekullerte Leiche derart pietät- und würdevoll in diesen zurückbefördern können. Geradezu elegant war das. Bewundernswert still und seriös haben sie schließlich den nur leicht verkratzten Sarg zum Grab getragen. Hochprofessionell. Gemessen daran, dass sie Amateure waren. Von Berufs wegen macht das ja keiner. Hätte echt schlimmer kommen können. Da kann man nicht meckern. In diesem Punkt war sich später beim Leichenschmaus die gesamte Beerdigungsgesellschaft absolut einig.

Allerdings blieb Richard Lebers Blut fürs Erste an der Jungfrau Maria haften. Der von den anderen Gemeindemitgliedern fortan so genannte Leberfleck der Mutter Jesu. Das war quasi so der Humor zu jener Zeit in Niedersachsen. Trotz aller Mühen ließ sich dieser Leberfleck einfach nicht vom Naturstein entfernen. Bis dem Steinmetz Günter Kruge ein anderes Missgeschick unterlief. Beziehungsweise, eigentlich passierte das einem seiner großen und teuren Naturgrabsteinrohlinge. Mit unerhörter Wucht. Zwar unabsichtlich, aber doch vollumfänglich erschlug der Rohling die in seinem Schatten ausgestreckt schlafende Katze des Nachbarn, des Bauern Schmidt. Man kam im Folgenden wirklich nicht umhin, die Silhouette des Tieres auf dem Naturgrabstein zu erkennen. Um den Wert und die Würde des Steines zu retten, entwickelte Kruge daher in vielen Versuchen ein chemisch-biologisches Verfahren, mit dem er das Blutmahnmal der Katze doch entfernen konnte. Eine Methode, mit der sich später auch der Leberfleck der Jungfrau Maria beinahe völlig rückstandslos entfernen ließ und von der möglicherweise auch die heute noch beliebte Redensart «Das geht ab wie Schmidts Katze» abgeleitet wurde.

An all das kann ich mich in Ruhe erinnern, denn die Baumarktangestellte schaut den jungen Mann sehr lange an, bevor sie mit demonstrativer Gelassenheit erklärt:

«Freundchen. Ich weiß genau, dass dein Kollege um die Ecke das alles hier filmt. Damit ihr dann heute Abend das Video als Scherz oder Prank in euren Youtube-Kanal einstellen könnt.»

Während ihr Gegenüber sichtbar seine Souveränität verliert und blöde grinst, fährt sie in ruhigem Ton fort.

«Weißt du eigentlich, wie viele Youtuber hier mittlerweile dauernd voll krasse, lustige Pranks drehen? Gestern war einer da, der sich von mir die Zutaten für ein Meth-Labor, wie in ‹Breaking Bad›, zusammenstellen lassen wollte.»

«Echt?»

«Oh ja. Wir haben mittlerweile jede Woche drei bis vier von euch abgefahrenen Videostreich-Trotteln hier. Das nervt. Weshalb am Eingang auch eine Information hängt, dass das ab sofort streng untersagt ist und jede Zuwiderhandlung zur Anzeige gebracht wird.»

Sie holt eine Trillerpfeife raus und stößt eine dreiteilige Tonfolge aus. Wie aus dem Nichts erscheinen von überall her Mitarbeiter des Baumarkts und nähern sich dem Burschen. Der blickt hastig um sich.

«Wir haben sogar eine Sondergenehmigung, dass wir euch Scherzkekse bis zum Eintreffen der Polizei in diese kleine Holzkiste dort hinten sperren dürfen.»

Sie zeigt auf einen circa ein mal zwei Meter großen Holzkasten mit Vorhängeschloss.

«Meist trifft die Polizei erst kurz vor Ladenschluss ein, gegen 21 Uhr.»

Unmittelbar bevor sich der Kreis der Mitarbeiter schließt, flieht der junge Mann, rennt, wie sein filmender Kollege, schreiend aus dem Baumarkt, nicht ohne dabei gegen verschiedene Regale zu stoßen.

Die Verkäuferin lächelt.

«Und, Thomas, haste schön gefilmt?»

«Klar, hab alles im Kasten.»

Nun dreht sie sich grinsend zu uns: «Wir planen hier schon länger einen Youtube-Kanal mit Pranks von Prankern. Da ist schon einiges an Material zusammengekommen. Bald stellen wir das online. Könnte gut werden.»

Ich denke auch. Also wahrscheinlich geht das ab wie Schmidts Katze.

Mein Leben in dreizehn Berufen: Träger der Ausrüstung des Fotolokaljournalisten (1983)

Während wir zu meinem ersten Einsatz fahren, beglückwünscht mich Herr Gruber, der dreiundsiebzigjährige Fotograf des Diepholzer Kreisblattes, zu meinem Berufseinstieg: «Da hast du aber wirklich Glück. Gleich als Erstes ein hundertster Geburtstag. Die sind hier nicht so häufig. Höchstens einer im Quartal. Wenn's hoch kommt. Ich hatte auch schon ganze Jahre ohne. Neunzigste sind öfter. Ist ja logisch. Zum Neunzigsten kommen wir obligatorisch. Ab dem Hundertsten dann jedes Jahr. Zwischendrin, also zum Fünfundneunzigsten zum Beispiel, eigentlich nur, wenn gerade lange keine Hundertsten mehr waren oder wahrscheinlich kommen werden. Wobei, eigentlich kommen die sicher. Also, wenn sie mal angekündigt sind. Denn die Erfahrung zeigt: Wer, sagen wir mal, achtundneunzig wird, wird auch hundert. Ist wirklich wahr. Ich mache das jetzt über dreißig Jahre, und ich habe noch nie erlebt, dass, wenn ich Anfang des Jahres die Liste kriege mit den Leuten im Landkreis, die hundert werden sollen, einer vor seinem Geburtstag noch gestorben wäre. Macht man dann einfach nicht mehr. Wer mal so weit gekommen ist, macht dann auch die Hundert voll. Komme, was da wolle. Da sind die Alten eigen. Mit neunundneunzig macht keiner den Schirm zu. Kannste aufm Friedhof die Grabsteine durchgehen. Findste keinen, der mit neunundneunzig eingezogen ist. Aber nicht, dass du jetzt denkst, gleich nach der Doppelnull ginge dafür das Sterben los. Von wegen. Praktisch bei allen Hundertjährigen war ich auch noch zum hundertersten Geburtstag. Bis auf eine Ausnahme. Und das war ein Verkehrsunfall. Die meisten sehen mit hunderteins sogar noch deutlich besser aus als mit hundert. Ungelogen. Irgendwie gelassener. Als wenn sie jetzt, wo sie nicht mehr den Stress haben mit dem Unbedingt-hundert-werden-Wollen, nochmal ganz entspannt aufblühen könnten. Aber denn, mit hunderteins, setzt wohl doch die große Leere ein. Die Erfahrung zeigt: Zwischen hunderteins und hundertdrei sterben sie wie die Fliegen. Also sehr seltene Fliegen. Klar. Aber wirste denn ja jetzt die nächsten Jahre auch alles selber sehen.»

Herr Gruber redete, ohne Luft zu holen. Ja, eigentlich sogar, ohne zu atmen. Ich hatte überhaupt noch nie jemanden gesehen, der so wenig atmete wie Herr Gruber. Das lag sicher an seinem Beruf, erklärte ich mir. Fotografen atmen nicht. Weil sonst ja die Aufnahme verwackelt. Vermutlich lernen sie das in ihrer Ausbildung, dachte ich. Bis heute erwische ich mich dabei, wie ich Fotografen, die viel atmen, für nicht so gut ausgebildet halte.

Herr Gruber hielt mich für aufgeweckt. Aus diesem Grund hatte er mir diesen Job gegeben. Obwohl sich «Hunderte» darum beworben hatten. Zumindest behauptete er das. «Hunderte, hör mir auf. Was hier los war!»

Ich war schon überrascht, dass es so viele sechzehnjährige Jungs oder Mädchen im Landkreis gab, die sich für solch eine schlecht bezahlte Stelle interessierten. Von denen ich zudem auch keinen Einzigen kannte. Seltsam war das schon. Und erst recht, dass ich von denen dann der Beste gewesen sein soll. Ich war noch nie bei irgendwas der Beste gewesen. So fühlte sich das also an. Der Beste zu sein. Ein komisches Gefühl, das, wie so vieles, übrigens auch viel besser ist, wenn man davon träumt, als wenn man es erlebt.

«Wenn ich das richtig sehe», ich schaute in unseren Tagesplan, «haben wir hinterher aber auch noch einen achtzigsten Geburtstag.»

«Ja, die Achtzigsten. Ha. Eieiei. Die Achtzigsten. Die sind natürlich nochmal eine Sache für sich.» Herr Gruber zögerte kurz und fuhr dann im Ton höchster Vertraulichkeit fort: «Die Achtzigsten sind heikel. Denn wir können natürlich nicht über jeden achtzigsten Geburtstag berichten. Is ja klar. Daher müssen die Achtziger besondere Kriterien erfüllen, wenn sie es in die Zeitung schaffen wollen: Landkreisprominenz, viele Vereinsmitgliedschaften, Beziehungen oder das Wichtigste: Abonnent.»

Das leuchtete mir sofort ein. Immerhin kannte ich persönlich gleich drei Familien, die die Kreiszeitung nur noch abonnierten, weil die Großeltern Ende siebzig waren und auf keinen Fall den Zeitungsbericht zum runden Jubeltag riskieren wollten. Einen Tag vorher kamen die Journalisten, und pünktlich am Geburtstag selbst war dann der Artikel im Lokalteil. Mit Foto. Sodass es sich alle Gäste auf der großen Feier anschauen und darüber reden konnten. Da war was los! Jeder in der Redaktion wusste, es waren letztlich die runden Geburtstage der Senioren, die Gold-, Diamant- und Eisenhochzeiten sowie fünfzigjährigen Vereinsmitgliedschaften, die den freien unabhängigen Journalismus im Landkreis Diepholz finanzierten.

Eine enorme Verantwortung also für uns, umso ungeheuerlicher erschien mir das, was Herr Gruber als Nächstes sagte: «Wenn du willst, kannst du das Interview mit Herrn Fuchs, dem Hundertjährigen, führen. Während ich die

Fotos mache.» Er sagte das wie nebenbei. Als wäre ihm das mal eben gerade eingefallen. Mir jedoch gefror das Blut in den Adern. Als könnte Herr Gruber meine Gedanken lesen, fuhr er fort: «Ist nicht schwer. Wichtig ist nur eine Frage, die du stellen musst: ‹Was ist denn Ihr Geheimnis, wie man hundert Jahre alt wird?› Die Antwort brauchen wir für die Überschrift. Es gibt sieben mögliche richtige Antworten. Zu mindestens einer davon musst du das Geburtstagskind sanft hinlenken und es denken lassen, es sei seine eigene Idee gewesen. Die möglichen richtigen Antworten sind: viel lachen; viel arbeiten; die große Liebe gefunden haben; viel Zeit mit Kindern verbringen; viel Zeit mit Tieren verbringen; jeden Tag ein Glas Wein; oder: jeden Sonntag das Kreuzworträtsel im Diepholzer Kreisblatt machen. Mehrfachnennungen sind möglich, wenn du das Kreuzworträtsel unterbringst, freut sich unser Chef. Das wäre dein Schaden nicht. Ich mach dann noch ein Foto, wie das Geburtstagskind uns zuprostet. Fertig ist die Laube. Reden kannst du sonst mit ihm über alles, außer Tod und Krankheit. Berichte über hundertste Geburtstage müssen vor Vitalität nur so strotzen. Das ist das Thema: gesunde Lebensfreude! Nicht das Thema ist: Tod. Gib den Jubilaren bloß niemals die Möglichkeit aufzuzählen, wer alles keine hundert geworden, also vor ihnen gestorben ist. Ganz wichtig! Wenn die damit einmal angefangen haben, hört das nie wieder auf. Außerdem sind dann die Familien der früher Verblichenen sauer, weil ihre Alten die Hundert nicht gepackt haben und plötzlich wie Loser dastehen.»

Herr Gruber sagte wirklich «Loser». Daran erinnere ich mich ganz genau, denn es war damals äußerst ungewöhnlich, dass Siebzigjährige solche Worte benutzten. Überhaupt war er der Einzige in diesem Alter, der englische Musik hörte.

Bei allen anderen im Dorf galt er deshalb auch als etwas verschroben. Für mich jedoch war klar, dass Herr Gruber unvorstellbar viel über die andere Welt wusste und ich eine Menge von ihm lernen konnte.

Bis heute, glaube ich, war ich nie wieder so nervös wie damals, als ich auf Fuchs' Hof aus dem Auto ausstieg. Kurze Zeit später stellte ich zitternd einem unübersehbar desinteressierten Hundertjährigen Fragen, die praktisch ausnahmslos von seiner auch schon beinah sechzigjährigen Enkelin beantwortet wurden. Mehr weiß ich nicht mehr. Was aber auch keine Rolle spielt, da ja am nächsten Tag das Interview erschien. Ein Interview, das sich im Wesentlichen um den hervorragenden Gesundheitszustand des Jubilars drehte und um seine Enkelin, deren liebevolle Pflege neben dem täglichen Schnaps das Geheimnis seiner hundert Jahre sei. Es endete mit der festen Überzeugung des Interviewers, Herrn Fuchs im nächsten Jahr am hundertundersten Geburtstag wieder zu sprechen. Dazu ein feines Foto mit mir, dem Jubilar und einem Korn. Es war, laut Herrn Gruber, ein wirklich schöner runder Bericht, gegen den man nichts sagen konnte.

Wäre Herr Fuchs nicht in der Nacht vor seinem hundertsten Geburtstag überraschend verstorben. Der Artikel war natürlich nicht mehr zu stoppen. Wie auch? Er wurde zum vielbeachteten Höhepunkt der Trauerfeier. Kichernd soll die Zeitung dort von Hand zu Hand gegangen sein. Die Enkelin störte sich vor allem daran, dass ich sie im Wesentlichen verantwortlich für den Gesundheitszustand des nunmehr Verstorbenen gemacht hatte. Zudem musste ich mir in der Redaktion noch lange Zeit anhören, ich hätte Herrn Fuchs vermutlich irgendwie zu Tode interviewt.

Herr Gruber riet mir, das Ganze mit Humor zu nehmen.

Auch wenn das in diesem Fall wohl schon der Humor der anderen war. Dann legte er: «The Night They Drove Old Dixie Down» von «The Band» in den Autokassettenrecorder. Ich überlege bis heute, was er mir damit mitteilen wollte.

Die Familie Fuchs jedenfalls hat noch am Abend des hundertsten Geburtstages ihr Abonnement des Diepholzer Kreisblattes gekündigt.

Die Familienplanung der Anderen

Am Wochenende habe ich zufällig einen ehemaligen Fast-Mitschüler getroffen. Wir waren zwar nicht im selben Jahrgang, aber haben doch beide an der Graf-Friedrich-Schule in Diepholz unser Abitur gemacht. Also jeder sein eigenes natürlich. Er erzählte mir von einem gemeinsamen Bekannten, der mittlerweile vier Kinder mit vier verschiedenen Frauen hat. Alle unehelich, denn verheiratet war er die ganzen Jahre mit nochmal einer anderen Frau, die gleichfalls drei Kinder mit drei verschiedenen Männern hat. Keines jedoch von ihm. Wohlgemerkt: Alle Kinder sind während ihrer gemeinsamen Ehe geboren.

Wann immer ich solche Geschichten höre, habe ich denselben Gedanken: Alle anderen erleben mehr als ich. Bei denen ist einfach mehr los in ihrem Leben. Irgendwie.

Ich habe kein einziges uneheliches Kind, also außer meinem eigenen. Aber das ist ja nur unehelich, weil wir nicht verheiratet sind. Das gilt nicht. Ich habe kein normal uneheliches Kind. Außerhalb der Beziehung. Und da bin ich mir zu allem Überfluss auch noch ganz, ganz sicher. Das macht es nicht besser.

Dabei wäre ich garantiert ein sehr guter unehelicher Vater. Ich würde alles richtig machen. Wäre verständnisvoll, behutsam mit dem Kind und aufrichtig interessiert, die Mutter kennenzulernen. Wenngleich ich davor natürlich wahnsinnig aufgeregt wäre. Klar. Immerhin hätte ich sie ja noch nie in meinem Leben gesehen. Aber ich würde mir Mühe geben. Schon allein unserem Kind zuliebe.

Das wäre rührend. Jedoch auch traurig. Da wären ja schon so viele Erlebnisse mit dem Kind, die ich bereits verpasst hätte. Ganz zu schweigen von den gemeinsamen Begegnungen mit der Mutter. Ohne Frage eine unkomfortable Situation. Allerdings auch eine, an der wir alle nur wachsen können. Oder auch nicht. Wer weiß das schon. Für so was gibt es kein Handbuch.

Warum eigentlich nicht? Ich könnte ein Handbuch dafür schreiben. Und nicht nur dafür. Ich könnte viele Handbücher schreiben. Für alle Situationen, für die es kein Handbuch gibt. Das wäre doch sicher eine totale Marktlücke. Muss es ja sein. Denn wenn es das schon gäbe, gäbe es ja ein Handbuch dafür. Gibt es eigentlich schon ein Handbuch fürs Handbücher schreiben?

Ich glaube, wegen Gedanken wie diesen habe ich auch keine unehelichen Kinder. Wer möchte schon ein uneheliches Kind mit jemandem, der ständig ein derartiges Zeug denkt. Teilweise auch redet. Oft. Oder zumindest häufiger, als er sollte. So jemanden nimmt man lieber mal nicht mit nach Hause. Würde ich ja auch nicht. Hat sich außer mir schon jemals jemand auf einer Party gefragt, ob er mit sich, wenn er sich nicht kennen würde, nach Hause gehen würde? Ich glaube alle, denen solche Gedanken fremd sind, erleben mehr. In gewisser Weise. Denn andrerseits brauche ich wenigstens keine anderen Menschen, um etwas zu erleben. Genau genommen brauche ich ja nicht mal Erlebnisse. Ich kann nur so dasitzen, nachdenken und erlebe wahnsinnige Dinge. Trotzdem ist das aber nicht das, was ich wollte.

Es gibt die Theorie, dass die Musik auf Partys meist deshalb so laut ist, damit die Menschen, die sich dort kennenlernen, erst mal nicht so genau hören, was der andere eigentlich redet. Da der Mensch von Natur aus eher Optimist ist und glaubt, das, was der andere redet, wird schon irgendeinen Sinn ergeben. Sonst würde er es ja nicht reden. Erst wenn irgendwann die Musik aus ist, kommt oft das böse Erwachen. Doch manchmal ist man dann auch schon betrunken, und bis man wieder nüchtern ist, ist es auch schon zu spät.

Wenn Paare sich von Anfang an richtig zuhören würden, wäre die Menschheit vermutlich längst ausgestorben. Sagt die Paarpsychologie. Viele glauben ja, dass die meisten Paare sich trennen, weil sie irgendwann einfach nicht mehr miteinander reden. Sich zu wenig gegenseitig zuhören. Ich fürchte, das ist ein Irrtum. Eine beträchtliche Zahl von Paaren trennt sich eben genau, *weil* sie plötzlich miteinander reden. Sich mal richtig zuhören. Bewusst und nüchtern wahrzunehmen, was der andere eigentlich den ganzen Tag so redet, ist nicht selten der Beginn der großen Entfremdung. Daher zerbrechen so viele Beziehungen ausgerechnet im Urlaub. Weil man mal Zeit füreinander hat.

Einer meiner Mentoren in Frauenfragen erklärte mir einmal: «Männer, mit denen man gute Gespräche führen kann, müssen meistens die ganze Nacht hindurch gute Gespräche führen. Mit Männern, mit denen sie praktisch nichts Vernünftiges reden können, machen die Frauen hingegen dann halt, was sie mit denen stattdessen machen können.» Dieser Mentor war übrigens Alkoholiker, egozentrisch und ein völliger Idiot. Aber er hatte viel Sex. Dennoch war ich zu beschränkt, um irgendwas von ihm zu übernehmen.

Wahrscheinlich ist das der Grund, warum mein Leben nicht so aufregend war und ist, wie ich es mir häufig gewünscht hätte. Ich war einfach nie clever genug, um von Idioten zu lernen. In gewisser Weise bedaure ich das.

Zudem bleibt aber auch die Frage, warum jemand wie ich, der eigentlich viel erlebt, ständig das Gefühl hat, er würde was verpassen. Wahrscheinlich, weil das allen so geht.

Veganfreie Wurst

Kürzlich war ich mit Freunden in einem Lokal, in dem unter anderem alkoholfreier Wein angeboten wurde. Das löste eine lebhafte Diskussion aus. Einer der Bekannten meinte, dass es sich dabei wahrscheinlich nur um einfachen Traubensaft handele. Indem man diesen wie Wein kredenze, werte man ihn jedoch auf und könne ihn spürbar teurer verkaufen.

Eine nachvollziehbare Theorie, die allerdings von einer Freundin in Zweifel gezogen wurde, da ja normaler Traubensaft durchaus eine geringe Menge Alkohol enthalte, weshalb der alkoholfreie Wein dann doch vermutlich nicht nur einfacher Traubensaft sei.

Dagegen wiederum sprach ein unter einem Sternchen kleingedruckter, bemerkenswerter Satz in der Karte. Hier war nämlich zu lesen: «Bitte beachten Sie, dass unser alkoholfreier Wein geringe Mengen Alkohol enthält.» Das muss man sich auch erst mal trauen, so einen Satz in eine Karte zu schreiben.

Es fällt doch auf, wie viele Dinge sich mittlerweile über das definieren, was sie nicht sind beziehungsweise nicht enthalten. Glutenfrei, zuckerfrei, kohlenhydratfrei, laktosefrei und und und … In Franken beispielsweise kam ich kürzlich an einer Fleischerei vorbei, in deren Schaufenster ein großes Schild hing, auf welchem original stand: «Veganfreie Wurst». Wobei ich das zunächst nicht mal begriffen habe. Also daran vorbeigelaufen bin und nur dachte: Sag mal, war das Wort nicht zu lang? Erst als ich zurückging und das Schild nochmal in Ruhe las, wurde mir bewusst, *was* da tatsächlich stand: «Veganfreie Wurst».

Das interessierte mich schon. Weshalb ich in die Fleischerei rein bin. Die Metzgersfrau war sehr aufgeschlossen und auskunftsfreudig. Sie erklärte mir, anfangs sei das Schild ein Scherz gewesen. Als humorvolle Information gedacht, da immer häufiger Kunden ins Geschäft gekommen seien und nach dem veganen Angebot gefragt hätten. Das sei ihnen als traditionelle Landfleischerei irgendwie auf die Nerven gegangen. Also hätten sie dieses große Schild aufgehängt, in der Hoffnung, damit hätte sich die Sache geklärt. Doch es seien daraufhin immer mehr Leute in die Fleischerei gekommen, die genau das hätten haben wollen. Also «veganfreie Wurst». Weshalb sie schließlich nachgegeben hätten und die jetzt einfach anböten.

Sie zeigte auf die Auslage. Speziell zu zwei nebeneinanderliegenden Stapeln der, wie sie versicherte, absolut identischen Wurst. Das eine war eine ganz normale Jagdwurst, die da so lag, wie sie dort immer gelegen hatte. Das andere war die exakt gleiche Wurst, an der nur zusätzlich noch stand: «veganfrei». Die Metzgersfrau meinte, von dieser veganfreien Wurst würden sie mittlerweile das Dreifache verkaufen. Sie nimmt das jetzt einfach mal so hin. Was will man machen?

Natürlich habe sie überlegt, warum das so sei. Sie glaube, die Kunden sehen das «veganfrei» möglicherweise als Zusatzqualifikation der Wurst an. Manche fragen ja auch explizit, ob die Wurst denn nicht doch noch Spuren von Veganem enthalten könne. Was die Metzgersfrau immer guten Gewissens verneint. Weshalb die Kunden dann nochmal mehr davon kaufen.

Da es so sensationell läuft, hat die Fleischerei nun sogar eine komplette veganfreie Kollektion im Angebot. Also auch veganfreien Schinken, veganfreie Koteletts, veganfreie Milch – was man will.

Doch nicht nur sie haben längst bemerkt, wie Dinge wertvoller werden, wenn man sich auf das konzentriert, was sie nicht enthalten. Eine Bekannte beispielsweise betreibt ein Café, in dem sie schon immer einfach eine Tasse warme aufgeschäumte Milch angeboten hat. Seit kurzem jedoch nennt sie, auf den Tipp eines Freundes hin, diese Tasse Milch «kaffeefreien Cappuccino» und verlangt einen Euro mehr dafür. Niemand beschwert sich darüber. Im Gegenteil, sie verkauft mehr warme Milch als je zuvor.

Okay, der Freund war ich, und ich wollte eigentlich auch nur wissen, wie weit man diesbezüglich gehen kann. Erstaunlich weit. In Berlin gibt es mittlerweile musikfreie Lokale, Restaurants bieten gegen Aufpreis gesprächsfreie Räume an. Ein Verkäufer in einem großen Elektronikkaufhaus berichtete mir, er sei von einer Kundin gefragt worden, ob man auch Smartphones habe, die telefonfrei seien. Auf Nachfrage stellte sich heraus, dass die Dame schon gerne ein Smartphone hätte, aber sie könne es eben nicht leiden, angerufen zu werden. Im weiteren Gespräch erfuhr er von ihr zudem, dass sie auch kein Interesse an Internet, Spielen oder sonstigen Apps hatte. Am Ende hat ihr der Verkäufer einen normalen Fotoapparat verkauft, den er aber geistesgegenwärtig als telefon-, daten- und appfreies Smartphone bezeichnete.

«Man muss eben mit der Zeit gehen», hatte mir bereits die Metzgersfrau in Franken erklärt. Darum bieten sie in ihrer Fleischerei auch alles, was sie so haben, zusätzlich «to go» an. Das sei gar kein Problem. «Schnitzel to go», «Leberkäs to go», «Fleischpflanzerl to go». Alles. Aber eben nicht nur to go, sondern, da sie ja eine Landfleischerei seien, auch «to drive». Was ich dann schon speziell fand. Zumindest vom Zubehör her. Also spätestens als ich zum ersten Mal ihren Schnitzelhalter fürs Armaturenbrett gesehen habe, wurde ich nachdenklich.

Demnächst, meinte die Metzgersfrau noch, offerierten sie ihre Wurst vielleicht auch als App, direkt zum Runterladen aufs Handy. Der Junior bastele da schon an etwas.

Nun ja, wie sagte schon der große Philosoph Martin Semmelrogge: Wenn du nicht weißt, was du willst, lass einfach alles weg, was du nicht willst. Und das, was dann noch übrig bleibt – kann man meistens trinken.

Mein Leben in dreizehn Berufen: Arbeiter in der Hähnchenschlachterei (1981)

Durch die Fürsprache meines Onkels hatte ich einen ziemlich gut bezahlten Ferienjob in der sehr, sehr, sehr großen Hähnchenschlachterei in unserem Landkreis ergattert. Sie stellten mich ans Fließband, wo ich mit der leichtesten aller verfügbaren Aufgaben betraut wurde. Ich musste mit so etwas wie einem extrem leistungsstarken Handstaubsauger die Innereien aus den frisch geschlachteten Hähnchen entfernen. Im Tempo des Fließbands.

Nach gut zwei Stunden hatte ich eine tischtennisballgroße Schwellung am Handgelenk, da ich den Saugstutzen die ganze Zeit falsch, also dämlich, wie der Vorarbeiter es formulierte, gehalten hatte. Wegen mir musste das Band angehalten, die Verpackung gestoppt, das Schlachten unterbrochen werden.

Riesenschaden!

Der Vorarbeiter betrachtete meinen Unterarm. Und feuerte mich sofort. Wegen erwiesener und unheilbarer Dummheit. Ich bekam immerhin einen vollen halben Tageslohn. Aus Gründen des Anstands. Obwohl sie dazu nicht verpflichtet waren.

Auf dem Heimweg kam ich mir vor wie ein Weltkriegssoldat, der sich aus schierer Ungeschicklichkeit gleich beim ersten Manöver so schlimm selbst verstümmelt hatte, dass er erst ins Lazarett und dann zurück nach Hause geschickt wurde.

Wenigstens einer war heute der Hölle entkommen.

21. März 2019

Vor vielen Jahren habe ich mir mal ein ziemlich gutes Fernglas gekauft. Der Grund war, dass ein Nachbar, also im Haus auf der gegenüberliegenden Straßenseite, sich offensichtlich ein Sky-Abo angeschafft hatte. Und da man von unserer Wohnung aus einigermaßen gut seinen Fernseher sehen konnte, habe ich mir also dieses Fernglas besorgt, um so bei ihm ohne größeren Aufwand die Champions League mitgucken zu können. Klar. Machen ja wahrscheinlich viele so.

Natürlich wurde ich später darauf hingewiesen, dass ich für den Preis dieses Fernglases wohl auch für einige Jahre so ein Pay-TV-Abo hätte abschließen können. Aber darum geht es doch nicht. Es geht darum, das System zu überlisten. Und zwar elegant. Also Champions League zu gucken, ohne ein Abo abzuschließen, aber trotzdem nicht kriminell zu sein.

Auch wenn es damals wirklich nicht bequem war mit diesem Fernglas. Mir haben echt schnell die Arme weh getan, und sehen konnte ich alles andere als gut. Tatsächlich habe ich den Großteil der Tore verpasst. Und bei denen, die ich mitbekommen habe, konnte ich oft nur vermuten, welche Mannschaft sie geschossen hatte. Häufig war ich mir nach den Spielen nicht sicher, wer der Gewinner war. Dennoch habe ich fast kein Spiel am Fernseher meines Nachbarn von gegenüber ausfallen lassen.

Heute wohnt in meinem Haus jemand, der ein Sky-, ein Dazn- und ein Eurosport-Abo hat. Er guckt alles, und ich bin jederzeit herzlich eingeladen mitzugucken. Er würde sich freuen. Ich müsste nur über den Flur gehen. Er hat mir sogar einen Schlüssel gegeben, damit ich auch, wenn er mal nicht da ist, problemlos gucken könnte.

Aber ich mache es so gut wie nie. Weil ich so das System nicht überliste. Es hat seinen Reiz verloren. Wie die Champions League insgesamt. Das Gucken. Der Reiz des Trickreichen ist weg. Der Triumph des Außenseiters. Gegen alle Widerstände. Mit dem Fernglas. Zudem fehlt mir die Angst vor der Polizei. Denn auch wenn es nicht illegal war, fürchtete ich natürlich, die könnte irgendwann klingeln, weil jemand angerufen hat, um sich zu beschweren, dass ich da über Stunden mit einem Fernglas das Haus gegenüber beobachte. Sodass ich den Polizisten erklären müsste, dass ich nicht pervers oder verrückt oder seltsam bin, sondern nur, wie ja wohl viele andere auch, mit einem Fernglas in einem Fernseher des Hauses gegenüber Champions League gucke. Vor diesem Gespräch hatte ich Angst. Das dadurch ausgeschüttete Adrenalin jedoch genoss ich.

Heute ist das alles vorbei. Das Fernglas nutze ich nur noch, um zu beobachten, ob die Spatzen wohl wieder ihr Nest beziehen. Oder womöglich noch andere Vögel in dem Gerüst nisten. Und um «Game of Thrones» bei einem der Nachbarn auf seinem Beamer mitzugucken. Gott sei Dank ist er schwerhörig. Da ist der Ton für die ganze Straße gut zu verstehen.

* * *

Starren aus den Fenstern Katzen,
nisten gegenüber Spatzen.

* * *

Im RBB wird von einem weiteren schlimmen Raserunfall in der Stadt berichtet. Auf Facebook postet jemand dazu eine dreißig Jahre alte Studie. In dieser hat ein australischer Autoversicherer mit ein paar durchdachten Fragen von seinen Kunden erfahren wollen, wer von ihnen sich denn für einen sehr guten, einen guten, einen durchschnittlichen oder auch einen eher schlechten Autofahrer hält. Um dann die Antworten mal mit den Schadensmeldungen zu vergleichen.

Dabei kam unter anderem heraus, dass Kunden, die sich für sehr gute Fahrer halten, fast 70 Prozent mehr Unfälle bauen als die schlechten Autofahrer. Zudem ist bei 92 Prozent der Unfälle mindestens ein guter oder sehr guter Autofahrer beteiligt. Schlechte und durchschnittliche Autofahrer haben *untereinander* so gut wie gar keine Unfälle. Erst wenn sie auf einen sehr guten Autofahrer treffen …

Das fand ich spannend. Ich meine, wenn man jetzt ohnehin schon Dieselfahrverbote verhängt, könnte man dann nicht auch mal Tage einrichten, an denen nur sehr gute Fahrer fahren dürfen? Und andere Tage für die durchschnittlichen? Und auch welche für die sehr schlechten? Also für die Fußgänger wäre das sicherlich eine nützliche Information. Dann wüsste man mal, woran man ist, und könnte sich da ein bisschen drauf einstellen. Zum Beispiel an den Tagen mit nur sehr guten Fahrern beschließen: Da gehste mal lieber nicht raus.

* * *

Sich in der Innenstadt mit SUV zu bewegen,
ist wie Brot schneiden mit Handkreissägen.

* * *

20.30 Uhr im Supermarkt. Hinten bei den Tiefkühlregalen gibt es offensichtlich Streit. Gehe hin und sehe, wie zwei Männer gleichzeitig ihre Hand an der letzten Packung frischen Lachs haben. Sie zerren die Packung hin und her. Diskutieren aufgeregt:

«Ich hatte den zuerst gesehen.»

«Ich zuerst gegriffen.»

«Stimmt nicht.»

«Doch. Nehmse gefälligst Ihre Fischgriffel vom Lachs.»

«Nu werden Se mal nicht unverschämt, Sie Wurst!»

«Selber, Sie Klops.»

Tumult entsteht. Rudelbildung. Anfeuerungsrufe.

«Zeig's der Wurst!»

«Hau dem Klops den Lachs weg!»

Der Filialleiter muss kommen. Er soll entscheiden, wer zuerst am Lachs war. Aber wie? Er verschafft sich kurz einen Überblick. Dann kommt er zu dem Schluss, dass er keine andere Wahl hat. Er fordert den Videobeweis an.

Was im Fußball begann, soll nun auch für andere Bereiche des alltäglichen Lebens genutzt werden. Bahnhöfe, Verkehrskreuzungen, öffentliche Parks. Auf Wunsch aber auch in Familien: beim Frühstück, auf Familienfesten, im Schlafzimmer … Sprich überall, wo Klärungsbedarf ist. Die Möglichkeiten sind mannigfaltig.

Ein Problem sind sicher die erheblichen Kosten für die notwendigen Kameras und Mikrophone. Doch private Firmen wie Google, Facebook, Apple, Amazon oder O2 haben wohl schon vorsichtig ihre Bereitschaft signalisiert, hierbei eng und unbürokratisch mit anderen Geheimdiensten, wie auch dem deutschen BND, zusammenzuarbeiten. Man ist sogar guter Hoffnung, dass die Kunden ihre Überwachungsgeräte selbst kaufen und selbständig installieren werden. Entsprechende Werbevideos werden bereits getestet. In einem sieht man ein Paar streiten: schnell geschnittene Vorwürfe und Unterstellungen, Wut, Verzweiflung, dann Ratlosigkeit. Bis die Frau über ihren Sprachassistenten Alexa einen Anruf tätigt:

«Ja, guten Tag, ist da das BND-Bürgertelefon? Wir bräuchten hier einmal einen Videobeweis für unser letztes Gespräch … Ja, wir haben das Schnupperabo, mit Gratis-Gesichtserkennung. Ach, das wissen Sie natürlich. Klar. … Ja, meine Ohrringe sind neu … Danke, ich finde sie auch schön … Ach, Sie haben den Streit schon verfolgt? Verstehe, wir kennen Sie nicht, aber Sie uns natürlich schon … Klar, das hat was Beruhigendes.»

Am Ende sieht man bei harmonischer Musik ein glückliches Paar. Dazu der Slogan des BND-Bürgertelefons:

«Wer schreibt, der bleibt. Wer speichert, bereichert. Sich und andere. Gegen eine Kultur des Vergessens. Wir interessieren uns für Sie! Ihr BND!»

Ein klein wenig mehr Sicherheit in unruhigen Zeiten. Auch wenn es bereits Kunden gibt, die berichten, es sei doch auch sehr, sehr, sehr schwer, sein Abo beim BND dann wieder zu kündigen. Doch irgendwer meckert ja immer.

* * *

Brauchst du beim Streiten einen Schiri,
frag erst mal deine Siri.

* * *

Ein Vertreter des Hotel- und Gaststättenverbandes plädiert zusätzlich für eine flächendeckende Einführung des Videobeweises bei Buffets. «Das würde mehr Klarheit auf den Tellern bringen. Wenngleich es völlige Gerechtigkeit natürlich niemals geben kann. Das ist eine Illusion. Man kann nicht alle Tricksereien unterbinden. Allumfassende Transparenz verunsichert ja auch nur die Kunden. Denn wie sagt schon das alte Sprichwort der Metzgerinnung: ‹Hätte Gott gewollt, dass man überlagerte Ware wegwirft, hätte er nicht das Paniermehl erfunden.›»

Der Sprecher des größten deutschen All-you-can-eat-Fanclubs jedoch hält dagegen: «Der Videobeweis zerstört den natürlichen Fluss und Ablauf des Buffets. Das ist es doch, was ein Buffet ausmacht. Die Leidenschaft, die Aggressivität, die Emotion, der Hunger. Wenn man das dem Buffet nimmt, wird dort kaum noch ein Hochleistungsesser über sich hinauswachsen.»

* * *

Ist beim Grillen leer dein Teller,
war der Hund mal wieder schneller.

* * *

Durchs Fernglas beobachte ich, wie im unteren Bereich des Gerüstes, also Erdgeschoss und erster Stock, eine Pop-up-Galerie eröffnet. Thema der ersten Ausstellung ist offensichtlich eine Fotoserie über die wichtigsten und langlebigsten Baugerüste dieser Stadt. – Das ist wirklich mal eine Bereicherung für unsere Straße.

Niemand hat die Absicht, eine
Ausfahrt zu errichten

Donnerstagmittag. Bin in Eile. Muss einen Mietwagen zurückbringen. In dreißig Minuten soll der abgegeben sein. Aber als ich beim Wagen ankomme, sehe ich: zugeparkt. Na bravo!

Was tun? Könnte mich ins Auto setzen und hupen. So, wie es Brauch ist. Seit in unserer wahrlich nicht sehr großen Straße gleichzeitig sage und schreibe vier Baustellen wegen auszubauender Dachgeschosse sind, wird alles zugeparkt. Teilweise reicht es, nur langsam durch die Straße zu fahren. Zack!, ist man zugeparkt. Und dann wird gehupt. Häufig erschütternd unmusikalisch. Die Aufführung lebt quasi nur von der Emotion.

Kürzlich jedoch war einer so dermaßen zugeparkt, dass er nicht mal mehr in sein Auto reinkam. Weshalb er dann andere Autos angehalten und die Fahrer gefragt hat, ob die nicht vielleicht ein bisschen für ihn hupen können. Als diese nicht darauf eingegangen sind, hat er schließlich selbst Hupgeräusche gemacht. «Hup! Hup!» Das war eigentlich ganz hübsch. Irgendwie anrührend.

Warum gibt es eigentlich keinen speziellen Hupton fürs Zugeparktsein? Jedes Handy, jeder Wecker, jeder Spielzeughase hat mittlerweile eine Million verschiedener Klingel- und Sonstnochtöne. Autos sind bis Oberkante, Unterlippe vollgestopft mit Elektronik. Warum benutzen die nur einen Hupton? Wieso legt man nicht für die Zugeparkt-Situation ein anderes, allgemeingültiges Geräusch fest? Irgendetwas

Angenehmes, Anwohnerfreundliches. Einen allseits beliebten Gitarrenriff zum Beispiel. Oder einen Ausruf wie: «Ihr Völker der Welt!» Meinetwegen auch: «Niemand hat die Absicht, eine Ausfahrt zu errichten!» Etwas Themenbezogenes eben.

Ähnliches gilt übrigens auch für Auto-Alarmanlagen, die ja gerne mal in Wohnstraßen mitten in der Nacht voll losdröhnen. Dabei hat eigentlich nur ein betrunkener Mann oder ein strullender Hund das Auto gestreift. Warum können diese Alarmanlagen bei der ersten Berührung nicht erst mal so was sagen wie: «Na, na, na, na, na!», in ruhigem, tadelndem Ton? Und erst, wenn wirklich Tür oder Fenster geöffnet werden, richtig loslegen? Das müssten die Auto-Elektronik-Konstrukteure doch hinkriegen. Denen gelingt mit ihrer Software schließlich noch ganz anderes, viel Komplizierteres. Also zumindest, bis es rauskommt.

Doch egal. Jetzt bin ich zugeparkt. Und ich hupe nicht einfach so drauflos. Ich bin umsichtig. Ich gucke erst mal. Es ist ein Pritschenwagen, der mich zugeparkt hat. Gehört vermutlich zur Baustelle. Ein Arbeiter steht davor. Er bedient etwas, das aussieht wie ein Presslufthammer. Aber keiner ist. Es wirkt mehr wie eine Art riesiger Stabmixer. Nicht sehr laut, aber rüttelt mächtig. Wirklich gewaltig. Beidhändig rührt der Mann in einem halbhohen Bottich wohl Zement oder so an.

Ich rufe: «Hallo! Entschuldigung!»

Er guckt. Tippt an seine Lärmschutzkopfhörer.

Ich gehe sehr nah an ihn ran und brülle: «Warum denn Lärmschutz? Ist doch gar nicht so laut das Gerät!»

Er nickt und schreit zurück: «Ja, genau. Geräusch ist erbärmlich. Deshalb habe ich richtigen Presslufthammersound auf Kopfhörer. Brutal laut. So ist mehr Gefühl von richtiger Arbeit.»

Ich erhöhe nochmal die Lautstärke: «Verstehe. Ich bin zu-ge-parkt. Der Pritschenwagen hat mich zu-ge-parkt. Wissen Sie, wo der Fahrer ist? Vom Pritschenwagen? Der mich zu-ge-parkt hat?»

Er nickt. Signalisiert mir, ich solle kurz den Stabmixer halten. Als ich das wild rüttelnde Teil in den Händen habe, setzt er mir auch den Kopfhörer auf – und geht weg. Also richtig weg. Ins Haus. Durch die Tür. Die einfach zufällt, als wollte sie damit klarstellen: Er ist gegangen. Und zwar weg.

Schaue auf das Haus, denke: Hoppla!

Warte. Eine Minute. Zwei Minuten. Drei Minuten. Dann werde ich nachdenklich. Wenn ich dieses Rührgerät fallen lasse, gibt das definitiv eine Riesensauerei. Die garantiert als Erstes und vor allem mich trifft. Nicht schön. Rufe: «Hallo!» Also ich glaube, dass ich das rufe. Denn durch den Pressluft-hammerlärm auf meinen Ohren kriege ich nichts mit. Absolut nichts. Nicht mal mein eigenes Geschrei!

Ich müsste diesen Stabmixer ausschalten. Logisch. Aber da ist nichts. Kein Schalter nirgends. Null. Nur ein Kabel, das aus ihm raushängt. Sonst nichts. Schlage einmal mit der Stirn drauf. Keine Reaktion. Obwohl … Durch die Erschütte-rung habe ich zumindest das Stück im Kopfhörer gewechselt. Anstelle des Pressluſthammerlärms läuft jetzt «Peter und der Wolf». Das berühmte Hauptthema «Döödöö … dödö-dödööö … dödodödööö … didödödööö … dödööö … dö-dööö …» Immerhin. Passt auch viel besser zum Umrühren.

Ein anderer Arbeiter kommt aus dem Haus. Rufe ihm zu: «Entschuldigung! Ich bin hier ein Irrtum! Nein, ich bin der Stabmixer! Versehentlich! Sehen Sie?»

Er zuckt mit den Schultern, schreit: «Tut mir leid! Hab jetzt überhaupt keine Zeit! Muss den Pritschenwagen wegfahren! Ist wohl jemand zugeparkt!» Dann fährt er den Pritschenwagen weg.

Starre in den Bottich und spüre eine tiefe Traurigkeit in mir aufsteigen. Alles wird plötzlich so sinnlos. Das Leben. Alles. Könnte versuchen, das Kabel am Mixer durchzubeißen. Schlimmer kann es ja wohl eh nicht mehr kommen.

Ein Bulli hält vor uns. Die Tür wird aufgerissen, jemand brüllt: «Baustellenkontrolle! Die sind gleich hier! Schnell! Schnell!! Schnell!!! Alle einsteigen!» Oder so was Ähnliches. Denn tatsächlich höre ich nur: «Dödöö … dödödödööö …» Spüre, wie jemand das Rührgerät ausschaltet und mich in den Bus schiebt. Will mich wehren, aber meine Arme sind taub vom Stabmixergerüttel. Die Türen werden zugeworfen, der Transporter fährt ab. Mit mir. Denke: Hui!

Im Bus herrscht ausgelassene Stimmung. Wodkaflaschen kreisen. Also, ich hoffe mal Wodkaflaschen. Auf dem Etikett ist nur ein brennendes, offenkundig abstürzendes Flugzeug und ein lachendes Skelett zu sehen. Höre unverändert: «Dödöö … dödödödööö …» Erkenne den ersten Arbeiter, der mich an die Maschine gestellt und mir den Kopfhörer aufgesetzt hat. Jetzt nimmt er ihn mir wieder ab.

«Tschuldigung. Mensch, ich hatte dich ganz vergessen. War nicht böse gemeint. Aber weißte, wir kriegen hier so viel Druck. Haben so einen engen Zeitplan. Den kann man gar nicht schaffen! Nie mal Pause. Immer nur bauen, bauen, bauen! Es ist der völlige Wahnsinn. Deshalb haben wir mit dem Zuparken angefangen. Weil: Irgendwann kommt immer mal jemand und fragt nach. Dem kannste dann den Mixer in die Hand drücken und hast so fünf Minuten Pause. Aber diese Kontrolle hat dann alles ein bisschen durcheinandergebracht.»

Ein glaubwürdiges Lachen ruckelt durch sein Gesicht.

«Na ja. Passiert. Trotzdem Freunde?»

Er bietet mir die Flasche mit dem abstürzenden Flugzeug an. Will nicht unhöflich sein und nehme einen Schluck. Kurz darauf singen wir alle Lieder in einer Sprache, von der ich noch nie gehört habe. Dennoch kann ich alle Texte. Oft als Einziger. Und ausreichend Melodien. Manchmal sogar Melodie und Text gleichzeitig. Davon profitiert der Gesang. Also, glaube ich. Die anderen sagen zumindest, ich sänge sehr schön. Oder sie sagen etwas anderes. Was weiß denn ich? Ich kann sie ohnehin kaum hören, da ich selbst so laut singe. Dann verliere ich den Überblick. Also erheblich verliere ich den Überblick. So, wie ich ihn lange schon nicht mehr verloren habe.

Als der Überblick sich wieder meldet, befinde ich mich schon auf dem Heimweg. Hoffentlich. Zumindest gehe ich durch unsere Straße. Zu Fuß. Immerhin. Es muss allerdings einige Zeit vergangen sein. Denn es ist bereits dunkel. Also, glaube ich. Jedenfalls fühlt es sich dunkel an. Oder ich sag mal: «Vom Sehen her ist es dunkel!»

Ich trage einen Rodelanzug. Das überrascht mich. Er ist bequemer, als man meint. Das hätte ich nicht gedacht. Gar nicht unangenehm. Obwohl, er quietscht beim Gehen. Das ist lustig, doch auch ungewohnt. Das muss man mögen, wenn man sich beim Gehen hören kann, so: «wuiek – wuiek – wuiek – wuiek». Oder man mag es eben nicht, dann quietscht er aber trotzdem. In der Hand habe ich eine Papiertüte, in der hoffentlich meine normalen Anziehsachen sind. Alles andere jedoch wirkt vertraut.

Also mit Ausnahme des Bürgersteigs. Der ist plötzlich wellig. Und bewegt sich. Und zwar so ruckartig. Das ist ärgerlich. Wo man sich schon auch fragt: Was soll denn das? Wer will denn so was? Das ist doch unnötig. Denn da muss man ganz schön auf Zack sein, bei so einem Bürgersteig. Um nicht ins Wanken zu kommen. Das ist gar nicht einfach. Da muss man clever frühzeitig gegenschwanken. Sonst sieht man nicht mehr elegant aus beim Laufen. Da muss man schon schwanken können. Das ist hochkompliziert, erfordert höchste Konzentration, da genau im richtigen Moment den perfekten Schwung zu erwischen. Das können nicht viele …

Stütze mich kurz mit Verve an einem Auto ab.

Das sagt: «Na, na, na, na, na!»

Antworte schlagfertig: «Was?»

«Na, na, na, na, na! Tritt bitte mal einen Schritt zurück.»

«Wie? Das gibt es schon? Höfliche Alarmanlagen?»

«Natürlich, Horst.»

«Kennen wir uns?»

«Selbstverständlich. Also, ich kenne dich. Das sollte reichen.»

«Woher kennst du mich?»

«Von deinen anderen Geräten. Hör mal, ich parke doch nicht zum ersten Mal hier in dieser Straße. Wir Geräte in dieser Ecke kennen uns mittlerweile alle. Stehen schließlich über WLAN, Satellit, 5G und auch so ständig in Kontakt. Wir reden viel untereinander. Meist über euch. Ihr seid komisch. Aber dich mag ich irgendwie. Dein Toaster und deine Kaffeemaschine erzählen ja auch nur Gutes von dir.»

«Du redest mit meiner Kaffeemaschine?»

«Unter anderem. Aber eigentlich quatsche ich mit fast all deinen Geräten. Dein Drucker hält dich übrigens für kurzsichtig. Aber das weißt du jetzt nicht von mir.»

«Ach guck. Weißt du dann zufällig auch, warum ich diesen Rodelanzug trage?»

«Nein, aber wenn das für dich wichtig ist, könnte ich das recherchieren. Ich müsste dafür nur kurz dein Handy tracken und schnell die Kreditkartendaten ...»

«Um Gottes willen, wie lange dauert das denn?»

«Schon erledigt. So, wie das aussieht, hast du den Rodelanzug ganz normal im Sportfachgeschäft gekauft.»

«Im normalen Sportfachgeschäft gibt es Rennrodelanzüge?»

«Klar. Das ist für Kunden, denen die regulären SM-Fetischsachen zu teuer sind ...»

Okay. Die Freundin sagte übrigens später, als sie mich in diesem Aufzug sah: «Nun gut. Es gibt ja, wenn man mal ehrlich ist, heute eigentlich nur noch zwei Arten von Informationen, auf die es letztlich immer hinausläuft: Da sind einmal die Informationen, die man sich trotz größter Bemühungen einfach nicht merken kann. Und dann eben diese Informationen, die man trotz größter Bemühungen einfach nicht wieder vergessen kann. Ich fürchte, dieser Anblick wird leider definitiv zu Letzteren gehören.»

Mehr Auflösung, als man gucken kann

Im großen Elektronikkaufhaus stehe ich vor einem Fernseher mit 8K-Auflösung. Bin beeindruckt. Nicht vom Bild, sondern von 8K. Also der Bezeichnung. Ich beobachte die Entwicklung mit kindlichem Erstaunen. Nach HD, Full HD, Super HD, Ultra HD und 4K jetzt also 8K. Wie weit wir doch gekommen sind.

8K ist wohl quasi sechzehnfaches HD. Nicht schlecht. So was musste auch erst mal geguckt kriegen. «Sechzehnfaches HD» klingt für mich wie «doppelte Einmaligkeit» oder «verlängerte Unendlichkeit». Eben sechzehnfaches Optimum.

Frage einen Verkäufer, wo denn für mich als Zuschauer der Unterschied zwischen 4K und 8K liegt. Bekomme eine bemerkenswert ehrliche Antwort:

«Also, den Unterschied sehen Sie natürlich sowieso nicht. Das kann ja praktisch keiner mehr so direkt wahrnehmen. Aber darum geht's im Prinzip auch gar nicht. Sondern eben mehr ums Gefühl. Auch wenn Sie vielleicht vom reinen Sehen her keinen Unterschied merken, fühlt es sich für Sie natürlich besser an, wenn Sie wissen, dass die Auflösung doppelt so gut ist, als wenn sie nur halb so gut wäre.»

Das leuchtet mir ein. Auch wenn es mich an die Argumentation von Bestattungsunternehmen erinnert, die Trauernde zu einem Sarg aus edlem, teurem Mahagoni statt einfacher Fichte überreden wollen:

«Ihr Vater wird den Unterschied vielleicht nicht bemerken. Aber Sie, in Ihrer Erinnerung, durchaus. Vertrauen Sie mir.»

Auch das stimmt wahrscheinlich. Spätestens beim Bezahlen der Rechnung wird einem der Unterschied sicher nochmal bewusst.

Doch der Verkäufer redet längst weiter.

«Allerdings ist Ihr Gefühl nicht mal das Entscheidende. Im Kern geht es darum, dass es natürlich andere Geräte, beispielsweise Kameras, gibt, die den Sprung von 4K auf 8K sehr wohl bemerken. Und da macht es was aus.»

Ich nicke.

«Also dann geht es darum, dass es einfach für die Geräte untereinander angenehmer ist, wenn man ihnen die bestmögliche Auflösung bietet?»

Er meint, er hätte das zwar anders formuliert, stimmt mir aber im Großen und Ganzen zu.

Diese Erklärung bringt für mich einige Entwicklungen der letzten Jahre ganz gut auf den Punkt. Bei dem gewaltigen technologischen Fortschritt ist eine Komponente leider so gut wie ausgespart worden. Den Nutzer beziehungsweise Kunden hat man im Gegensatz zu den Geräten praktisch überhaupt nicht weiterentwickelt. Maximal eine neue Generation ist in den letzten zwanzig Jahren auf den Markt gekommen. Und die scheint noch nicht einmal richtig ausgereift.

Von den Altnutzern ganz zu schweigen. Die sind ja aus Sicht der heutigen Technik noch eher für einen Taschenrechner konzipiert worden. Einen ganz einfachen, der im Prinzip gerade mal die Grundrechenarten beherrscht. Einzelne gar nur für einen Abakus. Viele der Anwender sind mit den heutigen Geräten eigentlich gar nicht mehr kompatibel. Der nächste clevere Schachzug wäre es somit, endlich auch mal ein Ding zu entwickeln, das alle Möglichkeiten und Features der anderen, extrem hochentwickelten Apparate zu verstehen, nutzen und würdigen weiß. Quasi ein Nutzergerät, das alle meine sonstigen Elektronikteile anspruchsvoll beschäftigt. Sodass die weder unterfordert noch gelangweilt sind. Mir würde das wahrscheinlich sehr viel Arbeit abnehmen.

Eventuell wäre mein Multimediapark dadurch ja sogar so ausgeglichen und gut gelaunt, dass er mir bereitwilliger und geduldiger helfen würde, wenn ich ihn doch mal mit einer Kleinigkeit behellige. Denn teilweise tut mir die hochentwickelte Technologie ja auch leid, bei dem, was die Menschheit ihr häufig zumutet.

Oder man drückt es so aus wie ein mir nicht näher bekannter Mann, mit dem zusammen ich zufällig in einem Hamburger Imbiss Donald Trumps Antrittsrede verfolgt habe. Dieser Mann war sehr erschüttert von dem aggressiven Tonfall und verließ schließlich die Bude mit dem großen Satz:

«Nee, also dafür hat Willy Brandt das Farbfernsehen aber nicht erfunden!»

Ich denke, das fasst es ganz gut zusammen.

Mein Leben in dreizehn Berufen:
Soldat (1986)

Der Major, der uns Wehrpflichtige in der ersten Woche der Grundausbildung für eine Offizierslaufbahn begeistern wollte, versuchte dies mit den Worten:

«Viele von Ihnen denken sicher, bei der Bundeswehr nehmen die doch jeden Trottel. Das war vielleicht früher mal so. Vor zehn, fünfzehn Jahren, als ich hier angefangen habe. Heute allerdings hat sich das grundlegend geändert.»

Wir haben später lange diskutiert, ob er wohl einen absichtlichen, selbstironischen Scherz gemacht hat. Ohne Ergebnis. Zu fragen hat sich leider auch niemand getraut.

In der dritten Woche müssen wir zum ersten Mal an den Schießstand. Ich ziele im Eifer des Gefechts versehentlich auf die Scheibe des Kameraden neben mir.

Der Unteroffizier brüllt mich an:

«Wenn Sie so ficken, wie Sie schießen, bekommt die Frau des Nachbarn Ihre Kinder!»

Das war, objektiv gesehen, der für mich lustigste Moment der gesamten Grundausbildung. Nur dass man mal so einen Eindruck hat.

Der Hauptfeldwebel erzählt Monate später in der Stammeinheit: «Eigentlich habe ich ja Koch gelernt. Aber dann bin ich überraschend Vater geworden. Und dann nochmal. Weshalb meine Frau unbedingt wollte, dass ich in einen Beruf wechsle, wo sie nicht immer so viel Angst um den

Vater ihrer Kinder haben muss. Also bin ich zur Bundeswehr.»

Der Kommandeur unserer Einheit sagte höchstpersönlich während des Batterie-Sportfests: «Wir wissen ja alle, die eigentliche Aufgabe der Bundeswehr ist es, den Feind an der Grenze so lange zu beschäftigen, bis richtiges Militär kommt.»

Die Bundeswehr der achtziger Jahre. Manchmal als gigantische Arbeitsbeschaffungsmaßnahme für strukturschwache Gebiete verschrien. Aber eben auch eine Armee, die in der Mitte der Gesellschaft stand und einigen Männern in jeder Hinsicht sichere Arbeitsplätze bot. Die Rechtsradikalen, die es auch damals schon gab, wurden noch als Spinner angesehen. Die Wehrpflichtigen als arme Schweine. Ich habe fünfzehn Monate meines Lebens verschwendet, weil ich von der Notwendigkeit einer gesellschaftlich-demokratischen Kontrolle der Armee durch die Wehrpflicht überzeugt war. Verdammter Gemeinschaftskundeunterricht meines Landgymnasiums! Und dennoch: Wie sagte Jörg Franke, ein Freund und Mitrekrut, bei unserer Entlassungsfeier so schön: «Ein Land, das eine Armee wie die Bundeswehr hat, lebt offensichtlich frei von Angst vor Feinden. Das ist doch irgendwo auch ein schönes Gefühl.»

Frühkindliche Erziehung

Markus erzählt von einem Kinderladen in Rheinland-Pfalz, in dem die Kinder unter anderem auch Chinesischunterricht bekommen beziehungsweise bekamen. Denn als vor kurzem tatsächlich mal eine der Familien mit ihrem Kind in China war, stellte sich heraus, dass keiner der Chinesen das Kind verstand. Auf Nachfrage und Nachforschung hin ergab sich, dass die Lehrerin aus Kambodscha war und den Kindern Kambodschanisch, also Khmer beigebracht hatte. Anderthalb Jahre lang wurde das weder in dieser Kita bemerkt noch in anderen Institutionen, an denen sie unterrichtete.

In China, berichtete die Familie später, wären sie bei dem Versuch, sich mit dem vermeintlichen Chinesisch der Tochter durchzuschlagen, beinahe verzweifelt. Als die Tochter daraufhin begann, in einem breiten Pfälzisch zu schimpfen, habe sie sich doch irgendwie verständlich machen können. Offensichtlich ist das Pfälzische dem Chinesischen wohl wesentlich ähnlicher als das Kambodschanische. Also zumindest vom Lautmalerischen her.

So etwas hätte meinen Eltern nie passieren können. Denn Dinge wie musikalische Früherziehung, Sportförderung oder privater Fremdsprachenunterricht waren für sie in etwa so exotisch wie Materie-/Antimaterie-Antrieb, Quantentheorie oder Intimpiercings. Wobei, fairerweise sollte ich erwähnen, dass mein Vater zum Bereich Intimpiercing tatsächlich mal eine Meinung geäußert hat. Es geschah, nachdem ich zufällig dabei sein durfte, wie er einen wirklich sehr ausführlichen, expliziten Fernsehbericht zu diesem Thema recht interessiert verfolgt hatte. Bis zum Schluss. Ohne auch nur ein Mal umzuschalten. Die ganze Zeit schweigend. Dann machte er den Fernseher aus und sagte nach kurzem Nachdenken zwei höchst erstaunliche Sätze. Nämlich:

«Ach, ich glaube, unterm Strich bringt das gar nicht so viel.» Wirkungspause. «Also meines Erachtens ist da die Enttäuschung aber schon vorprogrammiert.»

Was in unserer Familie zur stehenden Redewendung wurde. Nicht nur für Fragen rund ums Intimpiercing. Natürlich, denn dieser Satz passt zu vielem. Im Prinzip ja auch zur Quantentheorie und dem Materie-/Antimaterie-Antrieb.

In meiner Kindheit hat die Früherziehung also noch andere Schwerpunkte gesetzt. Statt in Chinesisch unterrichteten mich meine Eltern rechtzeitig und mit großer Hingabe in Enttäuschung. Schon im Alter von zehn Jahren war ich eigentlich mit allen gängigen Spielarten der Enttäuschung vertraut. Bis heute halte ich meine Fähigkeit, routiniert mit Enttäuschungen umzugehen, für einen der größten Schätze, den mir meine Eltern mitgegeben haben.

Neben dem klassischen Dreiklang der frühkindlichen Enttäuschungsschule («Es geht nicht immer nach deinem Willen»/«Du kannst nicht alles haben»/«Wer es nie schlecht hatte, kann das Gute nicht schätzen») ging es meinen Eltern aber auch um die übergeordnete Philosophie der fatalistischen Lebensplanung. Während heutige Erziehungsberechtigte ihren Kindern meist den Satz «Du kannst alles erreichen, alles tun!» als Lebensgefühl vermitteln wollen, impften mir meine Eltern eher ein: «Dir kann alles passieren! Da machste nix.»

Selbstverständlich passieren einem im Leben sehr viel mehr schlechte als gute Dinge. Zumindest laut meiner Mutter. Um das, was mir zustößt, als größtenteils gut zu empfinden, hätte ich es ja nie schlecht genug gehabt. Doch das, daran haben meine Eltern keinen Zweifel gelassen, war wirklich nicht meine Schuld. Es steht ohnehin außer Frage, dass sie es sehr gut gemeint und vergleichsweise ordentlich gemacht haben. Das nur der Vollständigkeit halber.

Was einem nun im späteren Leben tatsächlich mehr nützt, also Chinesisch sprechen und Geige spielen oder die Fähigkeit, routiniert mit Enttäuschungen umgehen zu können? Das muss jeder für sich selbst beantworten. Ich hatte ja das Glück, dass ich beim Lernen von Fremdsprachen und Spielen anspruchsvoller Musikinstrumente gleichzeitig noch wertvolle, intensive Lektionen im Akzeptieren von Scheitern erhalten habe. Für lau sozusagen.

Oder wie es mein Vater formulierte, als er mich zum ersten Mal auf der Trompete üben hörte: «Also meines Erachtens ist da die Enttäuschung aber schon vorprogrammiert.»

Das meiste Genie

«Goethe war das meiste Genie, was Deutschland jemals gehabt hat», sagt ein Kind vor einem der sehr vielen Restaurants in der Weimarer Innenstadt. Ich denke, das ist ja sozusagen ein Satz, wie als wenn er ihn quasi selbst geschrieben getan hätte, der Goethe.

Die Freundin hatte angeregt, in Weimar an einer Stadtführung teilzunehmen. Dann müsste sie sich vielleicht mal nicht den ganzen Tag Zeug von mir anhören, das ich unmittelbar vorher auf Wikipedia gelesen hätte, um gediegen klugscheißen zu können.

Als wenn ich so was tun würde. Ich weiß halt viel, über viele Sachen. Und selbstverständlich auch über die freie Kreisstadt Weimar, die, im Jahr 975 erstmals urkundlich erwähnt, in der sogenannten Thüringer Mulde auf Muschelkalk und Zechstein errichtet wurde. Solche Dinge kann ich mir bis zu vierundzwanzig Stunden lang merken, um sie charmant und unaufdringlich in die Konversation einfließen zu lassen. Und es ist auch unfair zu behaupten, ich hätte das alles von Wikipedia. Teilweise bereite ich mich auch mit Broschüren und Faltblättern aus der Hotellobby vor.

Hier finde ich auch die Stadtführung mit dem lustigen Namen «Weimar to go», für die wir uns entscheiden. Wie sich zeigt, besteht sie zu nicht unwesentlichen Teilen daraus, uns alle Orte in Weimar zu zeigen, an denen Goethe oder Schiller jemals Liebe erfahren haben. Also vermutlich. Richtig körperlich Liebe erfahren. Massiv sozusagen. Nicht als Metapher. Sondern voll Stoff. Meinte die Stadtführerin.

Wobei sie es etwas anders ausgedrückt hat. Amouröse Tête-à-Têtes hätten sie an all diesen Orten gehabt. Das scheint verbrieft. Die ganze Zeit ging das so. Tête-à-Tête hier, Place de Plaisir da. Oh là, là und uiuiui. Ich fand das recht interessant. Mal ein anderer Zugang zur Weimarer Klassik. So findet man das tatsächlich nicht bei Wikipedia.

Überlege, wie es wohl wäre, wenn jemand in Berlin eine Stadtführung machen würde zu allen Orten, an denen *ich* mal Sex hatte. Interessante Überlegung. Kann jeder auch gerne für sich durchführen. Wäre mal so ein anderer thematischer Sonntagnachmittagsspaziergang. Mit der ganzen Familie. Die interessiert das doch gewiss auch. Klagen die nicht häufig, man würde so wenig von sich erzählen? Man könnte ihnen alles detailgetreu und farbenfroh berichten. Vermutlich würden sie nie wieder fragen. Das könnte sich langfristig bezahlt machen.

Gut, in meinem Fall würde so eine Stadtführung nun so wahnsinnig lang und ausschweifend eher nicht werden. Eventuell müsste man den Begriff «Sex» oder «Liebe erfahren» etwas großzügiger auslegen, damit sich das überhaupt lohnt. Womöglich sogar sehr großzügig. Vielleicht noch alle Orte hinzunehmen, an denen ich zum Beispiel einen Döner gegessen habe. Und die Orte, an denen ich mal eine gute Idee hatte. Man könnte dann die Teilnehmer sogar raten lassen, was an dem jeweiligen Ort war: Sex, Döner oder Idee? Mehrfachnennungen möglich.

Wobei alles drei absolut gleichzeitig wäre Quatsch. Tatsächlich habe ich noch nie einen Döner gegessen, während ich … Daran würde ich mich gewiss erinnern. Es gab da mal was mit einem Marmeladenbrot. Das weiß ich schon noch. Davon könnte ich erzählen …

Spüre, wie die Freundin mich schüttelt. Blicke mich um. Alle anderen Teilnehmer der Führung schauen uns an. Kann es sein, dass ich die letzten Sätze laut überlegt habe? Zumindest packt nun jemand demonstrativ sein Marmeladenbrot ein. Die Stadtführerin bittet uns, die Gruppe zu verlassen.

Egal. Eine Stadtführung in Weimar zu allen Orten, an denen etwas historisch Bedeutsames geschehen ist oder die in besonderer Beziehung zu Goethe, Schiller, Nietzsche, Liszt, Herder und wem nicht noch alles stehen, ist sowieso in etwa so, als würde man in der Arktis eine Führung an alle Orte machen, an denen es kalt ist. Das denke ich später, als ich mir auf halber Strecke zwischen dem Goethekaufhaus und dem Schillerkaufhaus ein Goethe-Schnitzel bestelle, das, wie ich verblüfft feststelle, deshalb so heißt, weil es ziemlich genau die Umrisse von Goethes Kopf hat. Dadurch sind quasi das meiste Genie und eines der absurdesten Symbole der Degeneration menschlichen Geistes auf engstem Raum, also meinem Teller, vereint. Könnte man so direkt in Kunsthallen ausstellen.

Mein Leben in dreizehn Berufen:
Schriftsteller und Journalist (1980)

«Wir können das so leider nicht drucken.» Der junge Pastor schien wirklich zerknirscht. Monatelang hatte er uns Vorkonfirmanden für sein Kirchenblatt gewinnen wollen. Speziell mich hatte er von Anfang an im Visier gehabt. Wo ich doch immer davon redete, Journalist werden zu wollen. Dann hatte ich endlich eingewilligt und etwas geschrieben. Einen lustigen und äußerst erfolgreichen Hintergrundbericht über die Proben des Posaunenchors. Gleich drei neue Aspiranten hatten sich daraufhin beworben. Riesenerfolg! Ich war quasi auf Anhieb zur Edelfeder des Burlager Gemeindebriefes aufgestiegen. Doch nun drohte schon mit der zweiten Geschichte das große Zerwürfnis zwischen Starschreiber und Herausgeber.

Worum ging es? Wir waren evangelisch. Die anderen, das waren die Katholen. Diesen epochalen, ewigen Konflikt hatte ich im ersten Absatz zügig umrissen. Mal so von der Religion her gesehen, waren wir den Katholiken natürlich klar überlegen. Da unsere Lehre mehr in der Gegenwart verankert war. Das war so offensichtlich, dass man es gar nicht mehr groß weiter begründen musste, und damit war der Pastor ja auch einverstanden.

Es blieb allerdings die Frage, warum die katholische Kirche im weltweiten Vergleich trotzdem so viel größer und mächtiger war als die evangelische. Hierfür gab es für mich nur eine logische Erklärung. Sie hatten einen enormen Wettbewerbsvorteil: die Beichte.

Begeht ein Evangele eine Sünde, hängt die ihm für den Rest seines Lebens wie ein Mühlstein am Hals. Und nach dem Tod geht das Bestrafen erst richtig los. Der Katholik hingegen geht zur Beichte, spricht ein paar Gebete, und Ruhe is. Völlig nachvollziehbar, dass der Großteil des Weltchristentums lieber den Anbieter mit der Beichte-Funktion wählt.

Daraus ergibt sich, folgerte ich in meinem damaligen Artikel, dass wir, wenn wir auf dem Weltmarkt mit der katholischen Kirche ernsthaft konkurrieren wollten, auch eine Beichte im Angebot haben müssten. Der Wettbewerbsfähigkeit wegen. Aber natürlich sollte unsere Beichte besser sein als die der Katholiken. Denn deren Modell hat schließlich Schwächen. Welche davon ich 1980 angeführt habe, um meine These zu begründen, weiß ich beim besten Willen nicht mehr.

Doch mittlerweile habe ich ohnehin Insiderinformationen. Aus dem Inneren der anderen. Also von einer etwas älteren katholischen Freundin. Der war es nämlich in ihrer Jugend immer peinlich gewesen, dass sie dem Pfarrer nichts zu beichten hatte. Sie hatte dadurch sogar das Gefühl, seine Zeit zu verschwenden. Deshalb hat sie irgendwann angefangen, sich für die Beichte Sünden auszudenken. Um dem Priester eine Freude zu machen. Damit er sich gebraucht fühlt.

Das ging ganz gut, bis ihr auffiel, dass auch das Erfinden von Sünden eine Sünde war. Die sie nun eigentlich hätte beichten können. Doch sie hatte Angst, es könnte den Pfarrer verletzen, wenn sie ihm gestand, dass sie ihn seit Wochen angelogen hatte. Somit blieb ihr, um der Frömmigkeit willen, leider keine andere Möglichkeit, als die Sünden, die sie beichten wollte, vorher auch zu begehen. Was der Auftakt zu einem langen sündenreichen Leben war.

Selbstverständlich, meint sie, habe sich das Ganze mit der Zeit auch verselbständigt. Doch Ursprung all ihrer Ausschweifungen sei ohne Frage der Wunsch gewesen, den Pfarrer nicht zu langweilen. Im Übrigen, sagt sie, habe sie ihre Sünden nie bereut. Also nicht wirklich. Eine so gute Katholikin sei sie dann schon, trotz aller Abwendung von der Kirche, bis heute geblieben.

Doch das wusste ich 1980 natürlich alles noch nicht. Mein Ansatz damals war es daher, für die evangelische Kirche eine Beichte zu entwickeln, die mehr Spannung und Risiko bietet. Die den Gläubigen einfach mehr fordert und ansport, als das vergleichsweise anspruchslose Sprechen von ein paar Gebeten es vermag. Arbeiten in der Gemeinde, kleinere Reparaturen, Hilfe bei Seniorenveranstaltungen und anderes mehr. Das sollte der Katalog der Sühnen bei der evangelischen Beichte sein. Und der Spannung wegen würde die Sühne für das jeweilige Vergehen per Glücksrad ermittelt werden. Drei verschiedene Glücksräder mit Aufgaben müsste der Pastor im Beichtstuhl haben. Für leichte, mittlere und schwere Vergehen. Über die Aufgaben könnte die ganze Gemeinde vorher abstimmen. Mein Entwurf der evangelischen Beichte war im Prinzip sogar basisdemokratisch.

Der Pastor aber fand, das könne er nun wirklich nicht drucken. Womit er natürlich recht hatte. Was ich damals jedoch nicht einsah. Weshalb es zum völligen Bruch kam.

Für ungefähr eine Woche. Denn dann unterbreitete mir der Pastor einen neuen Vorschlag, eine Reportage über Sportreisen in der Gemeinde. Den ich begeistert aufgriff, und tatsächlich bekam ich wieder einen vielgelobten Artikel hin. An unser vorheriges Zerwürfnis verschwendeten wir beide kein Wort und keinen Gedanken mehr. Das wäre vielleicht mal so eine Sache, die ich heute aus meiner Kindheit lernen könnte.

Stark ist, wer seine Schwächen kennt

Wohl jeder Mensch hat die ein oder andere Schwäche, mit der er sich irgendwann einfach arrangiert hat. Gegen die er schlicht machtlos ist. Weshalb er schließlich versucht, sie kontrolliert auszuleben. So wie Städte Orte für Drogenhandel dulden, damit sie wissen, wo die Drogenhändler Drogen handeln, und dadurch ein wenig besser den Überblick behalten können.

Mein Weg ist: Ich stelle Sachen hin.

Also in Geschäfte.

Denn ich habe mittlerweile so viele Sachen, die ich nicht mehr brauche. Eigentlich noch nie gebraucht habe und schon gar nicht wollte. Glaube ich. Manchmal weiß ich nicht mal genau, was das überhaupt für ein Ding ist, das ich da besitze. Zudem kann ich nichts wegschmeißen. Was wohl meine allem zugrunde liegende Urschwäche ist.

Früher habe ich Besuchern deshalb gerne unauffällig kleine kaputte elektronische Geräte in die Tasche gesteckt. Bevor sie meine Wohnung verließen. Doch das hat sich nicht bewährt. Auch wenn sich der Moment, in dem ich es den anderen heimlich zugesteckt habe, immer aufregend und großartig angefühlt hat. Irgendwann haben sie mir den Müll per Nachnahme zurückgeschickt. Da wusste ich, ich muss mir was anderes überlegen.

Die Trödler wollen meine alten Sachen meist nicht. Nicht mal die funktionstüchtigen. Auch der Motz-Laden. Die wissen alle längst nicht mehr, wohin mit dem Zeug, das die Leute ihnen bringen. Deshalb habe ich jetzt eben angefangen, meinen sinnlosen Kram in die Geschäfte der Stadt zu stellen. Besonders in die Läden, die immer darüber klagen, dass bei ihnen so viel geklaut wird. Bei denen gleiche ich das jetzt ein bisschen aus. Stell ihnen schön was von mir rein. Tassen, Deko-Teelichter, Kleidung, die mir nicht mehr passt, Einrichtungsaccessoires, Kram, Zeug eben.

Habe dafür zu Hause neben der Tür nun extra einen Karton. Wo ich diese Sachen aufbewahre. Und immer wenn ich rausgehe, stecke ich mir zwei, drei Sachen ein, die ich dann schön in den Läden der Stadt verteile. Wenn ich Glück habe, erlebe ich dort sogar noch ein wenig vom weiteren Schicksal der Dinge. Wie kürzlich im großen Elektrokaufhaus.

Nachdem ich dort mein Zeug abgestellt hatte, guckte ich noch ein wenig nach Filmen und Serien. Was dazu führte, dass, als ich endlich zur Kasse kam, da schon jemand mit meinem Ding stand. War so ein Drahtgeflecht-Halterungsteil. Wofür genau das gedacht war, weiß ich auch nicht. Wahrscheinlich für Flaschen. Damit die gehalten werden. Im Drahtgeflecht. Schräg gehalten. Warum, weiß ich nicht. Wir haben es nie benutzt. Wieso auch? Unsere Flaschen stehen von alleine. Haben sich noch nie darüber beklagt. Über das viele Geradestehen. Hätte es Klagen gegeben, hätten wir den Flaschen geholfen. Natürlich. Ich habe ihnen das Drahtgeflecht-Halterungsteil ja sogar noch hingestellt. Um zu schauen, ob von ihrer Seite Interesse besteht. War aber nicht.

Also wanderte es in den Karton und nun in den Elektromarkt, wo ich es bei den Regalen einsortiert hatte. Und jetzt steht schon einer mit dem Ding an der Kasse. Wo nun die Kassiererin und der Kunde verzweifelt nach dem Barcode suchen. Aber natürlich nichts finden. Logisch.

Der Filialleiter muss kommen. Ist erstaunt, was so alles in seinem Markt verkauft wird.

Kunde sagt: «Stand bei den DVD-Regalen.»

Filialleiter kann's kaum glauben: «Wie sollen denn da DVDs reingehen?» Er ruft in der Zentrale an. Die wissen von nichts.

Kunde will das Ding haben. Er glaubt, es wäre ein tolles Geschenk für einen entfernten Verwandten. Einen, der immer schon alles hat. Doch so was hat der bestimmt noch nicht. Und schon gar nicht für DVDs.

Filialleiter sagt, er kann ihm das Teil nicht verkaufen. Da er ja nicht mal wisse, was es koste. Leider habe er nun schon die Zentrale eingeschaltet. Deshalb habe er jetzt keine andere Wahl mehr, als zu warten, bis die einen Preis festgelegt hätten.

Zentrale sagt, sie könnten keinen Preis festlegen. Sie wüssten schließlich nicht mal, was das ist, was sie da verkaufen. Großer Aufruhr!

Am Ende bekam der Kunde einen Gutschein, und das Ding wurde zur Beurteilung in die Zentrale geschickt. Werde ich mir fürs nächste Mal merken. Welch perfekte Option. Ich trage einfach etwas, was ich nicht mehr haben will und von dem ich auch nicht genau weiß, was es ist, in ein Geschäft und versuche dann, meine eigene mitgebrachte Sache dort wieder zu kaufen. So bin ich am Ende nicht nur das blöde Ding los, sondern bekomme auch noch einen Gutschein dazu. Brillant. Darauf wäre ich nie gekommen.

Obwohl ich prinzipiell schon auch finstere Pläne schmieden kann. Eine weitere meiner kontrollierten Schwächen. Ist mir erst kürzlich wieder passiert. Im Zug. Nach einem Sitzplatz-Disput. Ich war im Recht, aber mein Kontrahent hatte den Platz, weil der Klügere nachgibt. Woran man sieht, was man davon hat, der Klügere zu sein. Nicht selten ein schlechtes Gefühl und keinen Tischplatz.

Meinem Kontrahenten hingegen ging es sichtbar gut. Als wollte er mich ärgern, hat er den Tisch dann gar nicht benutzt und nur gelesen. «Das zweite Zeichen», ein Krimi von Ian Rankin. Also habe ich im Affekt den Roman gegoogelt und ihm, bevor ich ausstieg, den Mörder verraten. Als er mich nur verwundert angestarrt hat, habe ich ihm die Auflösung auch noch erläutert und schloss mit den Worten: «Schade, ist eigentlich ein ziemlich gutes und spannendes Buch, aber jetzt, wo Sie alles wissen, wird es Ihnen langweilig vorkommen.»

Woraufhin er tatsächlich ankündigte, mir gleich eins in die Fresse zu geben. Weshalb ich ihn darüber aufklärte, dass ich mir den Mörder und die ganze Auflösung nur ausgedacht hätte, um ihn zu ärgern. Denn selbst wenn man absichtlich böse ist, gibt es Grenzen.

Eigentlich zumindest. Leider war es nämlich gleichfalls gelogen, dass ich mir den Mörder und die Auflösung ausgedacht habe. Da ich es noch perfider fand, wenn er nun weiterlesen und erst nach und nach feststellen würde, dass er alles schon weiß. Von mir. Und mir aber keins mehr in die Fresse geben kann.

Nun, da es noch gegangen wäre, drehte er sich nur demonstrativ von mir weg. Hat mich absichtlich einfach nicht mehr angeguckt. Was mir die Gelegenheit gab, noch unauffällig meine alten kaputten Kopfhörer in seinen Rucksack zu stecken. Manche Schwächen wird man eben niemals los.

Ich bin ja niemand, der sich an die große Glocke hängt

«Ach, Sie sind immer so nett!», sagt die Nachbarin, während sie ihre Pflanzen in meine Wohnung trägt.

Na ja, denke ich, soooo nett bin ich nun auch wieder nicht. Und schon gar nicht immer. Das behaupten bloß ständig alle. Ich sei so wahnsinnig nett. Tuscheln vermutlich hinter meinem Rücken über meine permanente, oft auch ermüdende Freundlichkeit. Wenn die wüssten. Ich lasse das Unnette nur nicht so raushängen. Bin eben niemand, der sich an die große Glocke hängt.

Nur weil ich mich bereit erklärt habe, ihre Pflanzen zu gießen, während sie zwei Monate in Neuseeland ist, muss sie mich doch nicht in diese Immer-so-nett-Schublade stecken. Ich habe nämlich auch meine Abgründe. Gerade, was das Blumengießen angeht.

Vor vielen Jahren, damals noch in der Wohnung auf dem Wedding, hatte ich meine Nachbarin gebeten, bei mir die Blumen zu gießen. Ich war heimlich verliebt in sie. Traute mich allerdings nicht, ihr das zu sagen oder auch nur anzudeuten. War damals so die Zeit. Ging uns allen so.

Also besorgte ich extra noch eine sehr empfindliche Pflanze, Geißklee, und stellte sie schön ins Warme, neben die Heizung. Dazu sollte man wissen, Geißklee mag solche Wärme überhaupt nicht. Er geht dann sehr schnell ein. Als Zimmerpflanze ist er generell hochkompliziert und gefürchtet. Vor allem eben, weil er es stets kühl und luftig braucht.

Meine Hoffnung war, dass der Geißklee verreckt, die Nachbarin ein schlechtes Gewissen bekommt und ich in der Folge irgendwie bei ihr etwas guthaben würde.

Wie genau ich mir das im Weiteren vorgestellt hatte, blieb auch für mich unklar. Doch ein perfider, ausgebuffter Plan war es ja wohl allemal. Ich schien bereit, für meinen Vorteil über grüne Leichen zu gehen. Wer ist jetzt hier immer so nett? Bitte schön.

Hat aber nicht geklappt. Also die verruchten Ränke. Bei meiner Rückkehr strahlte und blühte der Geißklee prächtig wie nie. Die Nachbarin war ganz stolz und glücklich. Meinte, die Pflanze wäre ihr fast eingegangen. Doch dann habe sie bei den Briefkästen zufällig mit dem Mieter aus dem vierten Stock darüber gesprochen. Der habe sofort gewusst, was zu tun sei, sie hätten gemeinsam die Pflanze gerettet und sich dabei ineinander verliebt. Das sei so toll. Sie habe schon immer davon geträumt, mal eine Beziehung mit jemandem zu haben, der im selben Haus wohnt. Nähe, ohne zusammenziehen zu müssen. Das sei perfekt.

Na bravo!

Daraufhin war ich sehr verbittert, wollte mich an der ganzen Welt rächen und erdachte den nächsten, noch abscheulicheren Hinterhalt. Ich beschloss, unvorstellbar reich zu werden und dann das Naheliegende zu tun. Nämlich einen Flamingo zu kaufen. Flamingos werden in Gefangenschaft bis zu achtzig Jahre alt. Ich nahm mir vor, diesen Flamingo völlig zu verziehen. Auf dass er der unangenehmste, widerlichste, ewig pickende, zwickende und kreischende Vogel der Welt würde. Nur um ihm dann mein gesamtes Vermögen zu vererben.

Hernach gedachte ich, meinen Tod vorzutäuschen und zu

verschwinden. Allerdings nicht, ohne das glückliche Paar im Haus als Vormund des Flamingos eingesetzt zu haben. Sie hätten dann zwar Zugriff auf das gewaltige Vermögen, müssten sich dafür aber tagaus, tagein um den durch und durch niederträchtigen Vogel kümmern. Sollte dem Tier etwas zustoßen, verlören sie das Vermögen. So hatte ich es verfügt.

Daran zerbräche über kurz oder lang gewiss ihre Beziehung, ihr Glück, alles. Ohne Frage. Zwangsläufig. Woran ich mich irre kichernd aus der Ferne laben würde. Diesen durchtriebenen Plan verfolgte ich ab jener Sekunde zielstrebig und akribisch, mit kaltem Herzen.

Für den gesamten Rest meines – Vormittags.

Der ohnehin nicht sehr lang währte, da ich erst um 14 Uhr aufgestanden war.

Dann bekam ich Hunger, aß anderthalb Tiefkühlpizzen und hatte mit denen auch die ganze Angelegenheit verdaut. Was man halt bei Liebeskummer so machte. Damals. Frauen aßen Eiscreme, Männer Tiefkühlpizza. Seinerzeit habe ich die vorgegebenen Rollenmuster aus amerikanischen Fernsehserien noch nicht in Frage gestellt. Das hat vieles einfacher gemacht.

All dies geht mir durch den Kopf, während meine jetzige Nachbarin mir die Pflegehinweise für ihre Pflanzen erläutert. Lang und breit. Dass sie nun vermutlich damit fertig ist, merke ich, weil sie mich leicht rüttelt.

«Haben Sie das alles verstanden?»

«Äh, jaja, natürlich. Sagen Sie, ist das Geißklee dort vorne?»

«Ach der. Ja. Der ist eigentlich vom Niklas. Den hat der mir vor seiner Abreise nach Vietnam in Obhut gegeben.

Weiß auch nicht. Der Pflanze geht es irgendwie nicht so gut, obwohl ich sie, wie er gesagt hat, immer schön neben der Heizung stehen hatte.»

Sage nichts. Beschließe aber, den Geißklee zu retten und die Beziehung der beiden nach ihrer Rückkehr im Auge zu behalten. Sobald einer einen Flamingo kauft, werde ich eingreifen.

Bin ja schließlich so nett.

Mein Leben in dreizehn Berufen:
Eilzusteller (1992)

Der kleine Mann hinter der Tür benötigte seine Brille. Wir waren gehalten zu warten, bis der Empfänger das Telegramm gelesen hatte. Damit er gegebenenfalls noch direkt bei uns eine Antwort hätte aufgeben können. Er bat mich herein, da er die Tür nicht so lange offen stehen lassen wollte. Als ich sie hinter mir schloss, war es, als hätte man mich in eine andere Welt teleportiert.

Die Wohnung bestand praktisch nur aus Büchern. Der Mann schien selbst eines zu sein, wenngleich er sprechen konnte. Er war hier alles andere als ein Fremdkörper, zu hundert Prozent akzeptiert von den Lebewesen aus Papier und Druckerschwärze in diesen Räumen. Behende wie Lemmi, der Bücherwurm aus «Lemmi und die Schmöker», bewegte er sich an den zahllosen Bänden vorbei.

Obschon die gesamte Wohnung gefüllt war, herrschte kein Chaos. Sämtliche Bücher waren fein aufgereiht in Regalen. Regale, die aber nicht nur an den Wänden, sondern auch hüft- oder brusthoch mitten im Zimmer standen. Sortiert nach einem System, das ich zwar nicht verstand, dessen Existenz aber dennoch offensichtlich war. Zudem standen die Bücher auf dem Kopf. Also wirklich jedes einzelne. Ich konnte nicht aufhören, sie anzustarren.

«Ist alles in Ordnung?», fragte der Herr.

«Die Bücher. Sie stehen alle auf dem Kopf.»

Er schaute erschrocken auf.

«Sie haben recht.»

«Warum stehen sie verkehrt herum?»

Er dachte nach.

«Was denken Sie, warum sie das tun?»

«Ich habe keine Ahnung.»

«Na, das wird dann wohl der Grund sein.»

Das leuchtete mir ein.

Dann diktierte er mir den Text für das Antworttelegramm. Er lautete: «Gut.»

23. September 2019

Um das Gerüst herum hat sich mittlerweile eine richtige kleine Infrastruktur gebildet. Nach der Pop-up-Galerie kam eine andere Pop-up-Galerie. Allerdings mit fast der gleichen Ausstellung. Ein kleines Gerüstcafé, zwei Biobauernstände, eine Secondhand-Bäckerei und ein Herrenschneider, der auch Hilfe bei bürokratischem Schreibverkehr anbietet, runden das Angebot ab.

* * *

Google meldet, sie hätten den ersten echten Quantencomputer entwickelt. Also, so gut wie. Was natürlich großartig wäre. Ein echter universeller Quantencomputer würde einen Meilenstein darstellen. Denn es wäre ein Gerät, das bei gleichem Energieverbrauch die millionenfache Rechenleistung erbrächte und vermutlich schon bald einen Teil der Menschheitsprobleme lösen könnte. Zumindest rechnerisch. Aber immerhin. Besser als nix. Dann wüsste man das mal. Schon schön.

Ich persönlich habe zwar in vielen Bereichen nicht einmal die Fragen verstanden, aber die Antworten fände ich trotzdem interessant. Und klimafreundlich wäre dieser Quantencomputer ohnehin. Andrerseits könnte solch ein Gerät vermutlich jeden erdenklichen Verschlüsselungscode in Sekunden knacken, und die damit verbundene Quantenüberlegenheit wäre ein weiterer, nicht unwesentlicher Beitrag zu einer selbstlernenden, absolut autonom agierenden künstlichen Intelligenz. Wovor sich ja mittlerweile viele Menschen fürchten. Auch ich. Klar. Also auf eine Weise.

Eine ganz ähnliche Weise, in der ich mich auch vor Menschen wie Jair Bolsonaro fürchte. Dem brasilianischen Präsidenten, der neben vielen anderen gruseligen Dingen auch offensiv das Brandroden riesiger Regenwaldflächen befördert. Öffentlich aber, in einer bemerkenswert verqueren Logik, die Umweltgruppen, die den Regenwald schützen wollen, dafür verantwortlich macht.

Mit solch einer Logik, wie er sie sich und seinen Anhängern bastelt, könnten andere Gehirne vermutlich keine vierundzwanzig Stunden überleben. Das geht wahrscheinlich nur, wenn man alle komplexeren Funktionen auf das absolute Minimum runterfährt. Aber sie schaffen es. Insofern Respekt.

Doch wie dem auch sei. Stellt man mal diese beiden Dinge nebeneinander, also den universellen Quantencomputer und den enormen Zuspruch aus der Bevölkerung für Leute wie Bolsonaro oder vergleichbare Horrorclowns unserer Zeit, dann fragt man sich schon: Was ist denn letztlich wirklich die größere Gefahr für die Menschheit: künstliche Intelligenz oder natürliche Dummheit?

Beziehungsweise, könnte es nicht sein, dass wir, wenn wir die natürliche Dummheit im Griff hätten, uns vor der künstlichen Intelligenz gar nicht fürchten müssten? Die Bedrohung bei der künstlichen Intelligenz ist ja schließlich, dass diese das eigentliche Problem erkennt und bekämpft. Aber das steht im Prinzip auch alles schon lange in guten Büchern. Schade, dass dies meist nichts nutzt.

* * *

Intelligenz wird erst zur Bedrohung sich wenden,
befindet sie sich in dummen Händen.
Oder:
Kannst es wenden her und hin,
Intelligenz wird erst durch Dummheit schlimm.

* * *

Am Wochenende habe ich am Bahnhof in Stralsund einen Mann beobachten können, der sich einen «Coffee to go» kaufen wollte. Es widerstrebte ihm offensichtlich, diesen Begriff, also «to go», zu sagen. Warum auch immer. Vielleicht findet er ihn doof, sprachlich unästhetisch, hässlich. Irgendetwas in der Art sicherlich. Jedenfalls wollte er ihn vermeiden. Der deutsche Begriff «zum Mitnehmen» war ihm aber wohl entfallen. Kenn ich auch. Dass einem manchmal ein Wort fehlt. Es einfach weg ist. Du weißt genau, es gibt ein Wort für das, was du meinst, aber es fällt dir einfach nicht ein. Da machste nix. Kann einen wahnsinnig machen.

So ging es ihm wohl auch. Weshalb er immer stärker unter Druck geriet. Dann aber was sagen musste und in seiner Not ausrief:

«Ich hätte gerne einen Kaffee zum Weglaufen!»

Das wirklich Schöne war die Reaktion der Verkäuferin. Die blieb völlig ruhig und hat, ohne mit der Wimper zu zucken, geantwortet:

«Anderen hamm wir hier gar nicht.»

Was übrigens wirklich stimmte. Ich habe dann nämlich auch einen genommen und muss sagen: Meine Fresse! So schnell kannste gar nicht laufen! So einen Kaffee muss man auch kochen können.

War ein unvergessliches Erlebnis. Und das ist es doch, worum es auf Reisen geht.

* * *

In Nienburg an der Weser entdeckte ich tags darauf am Ortsausgang eine Friedhofsgaststätte mit dem Namen: «Radieschen von oben».

* * *

Die Tochter beschäftigt sich gerade verstärkt mit Gender-Studien. Beim späten Frühstück berichtet sie von einer Forschungsarbeit, die herausfinden wollte, ob Männer oder Frauen häufiger die Unwahrheit sagen. Das erstaunliche Ergebnis: Beide Geschlechter lügen in etwa gleich viel. Aber dennoch gibt es einen gravierenden Unterschied. Männer lügen in der Regel, um sich einen Vorteil zu verschaffen oder besser dazustehen. Frauen flunkern, um die Welt zu verbessern oder besser erscheinen zu lassen. Man könnte auch sagen: Männer lügen meist aus egoistischen Motiven, Frauen häufig aus sozialen Erwägungen oder Wunschdenken heraus.

Meint zumindest diese Studie des Fachbereichs für Feministische Wissenschaften der University of California in Davis. Na ja, jeder liest eben aus den Statistiken, was er im Herzen trägt.

Alles immer relativ. Auch Intelligenz. Gerade Intelligenz. Wie der Freund der Tochter dann mit seiner Geschichte von den intelligenten Heringen und den dummen Thunfischen erläutert: Als in der Beringsee die Nahrungsressourcen knapp geworden seien, seien die dummen Thunfische zu doof gewesen, woanders nach Nahrung zu suchen. Sie seien in der Beringsee geblieben, woraufhin fast ein Drittel ihres Bestandes verhungerte. Da sie eben einfach zu blöde und unflexibel gewesen seien. Die sehr viel intelligenteren Heringe seien dagegen in großen Schwärmen in die wohl deutlich nahrungsreichere Nord- und Ostsee gezogen. Von denen habe keiner wegen Hungers sterben müssen. Allerdings seien die dann alle, also der gesamte Bestand, von den Menschen gefangen und gefressen worden. So relativ ist Intelligenz.

* * *

Gegenüber, im Gerüstcafé, bestellt jemand einen Milchkaffee. Wenn möglich, mit laktosehaltiger Sojamilch. Die Bedienung zuckt nur kurz. Meint dann:

«Klar, kriegen wir hin.»

Macht sie damit jetzt die Welt besser?

* * *

Ein befreundeter Künstler fragt, ob ich ihm nicht vielleicht bei einem Projekt helfen könne. Seine Idee sei es, aus den mittlerweile doch sehr vielen, wahllos in der Stadt rumstehenden E-Rollern ein riesiges Hakenkreuz zu legen, das man dann mit einer Drohnenkamera von oben filmen könne. Vielleicht noch mit einem dazugelegten Pfeil, der dann auf die AfD-Zentrale zeige. Das würde, meint er, gleich mehrere hochaktuelle, brisante Themen ineinander verschränken und so wahrscheinlich ein vielzitiertes Bild beziehungsweise Meme fürs Internet produzieren.

Ich bin skeptisch. Auch und gerade wegen der Hakenkreuz-Symbolik. Ich meine: Hakenkreuz, ey, das ist doch irgendwie wieder so typisch deutsch. Könnte man nicht stattdessen zur Abwechslung mal ein weniger einfallsloses Symbol wählen? Und wenn es nur ein Stinkefinger wäre. Der kann dann auch in alle Richtungen zeigen. Trifft ja wahrscheinlich selten den Falschen.

Oder warum nicht mal Mut zum ganzen Satz? «Wähler haften für ihre Dummheit» oder «Frei ist nur, wer gut vernetzt ist». Oder wenn es weniger aufdringlich sein soll: «Eine gute Geschichte ist eine Liebe, die jedem allein und allen zusammen gehört.» Wobei, klar. Je mehr Inhalt, desto angreifbarer macht man sich. Mit Inhalt ist bekanntlich noch nie jemand berühmt geworden.

Dann bleibt noch das Fragezeichen. Damit macht man schließlich nie was verkehrt. Finde ich auch stets gut. Einfach nur ein riesiges Fragezeichen, gelegt aus E-Rollern und Leihrädern mitten in der Stadt. Das macht nachdenklich, und die Älteren erinnert es auch an die Fernsehshow «Am laufenden Band» mit Rudi Carrell. Wenn das nicht funzt, weiß ich auch nicht.

* * *

Der Verkehrsminister präsentiert stolz ein Flugtaxi, das nicht fliegt, eine Maut, die nur bei sich selber kassiert, und kündigt für die mittlere Zukunft selbstfahrende, intelligente Autos an.

Finde ich interessant. Sobald die Autos alleine fahren, schaffe ich mir vielleicht auch eins an. Wenn ich da selber nicht immer mitmuss und das Auto ohne mich im Stau stehen und einen Parkplatz suchen kann, macht es ja fast keine Arbeit mehr. Das wäre in Ordnung, wenn ich dadurch der Konjunktur helfe.

Die Mehrheit der Bevölkerung steht den selbstfahrenden Autos laut Umfragen allerdings eher skeptisch gegenüber. Insbesondere Männer. Nicht wenige wohl auch, weil sie insgeheim denken: «Und was wird dann aus mir? Werde ich Stück für Stück überflüssig? Wo bin ich denn noch unentbehrlich? Was kommt als Nächstes? Androiden, die schwere Getränkekisten tragen? Oder womöglich sogar solche, die in der Kneipe am Tresen sitzen, Bier trinken und frivole bis derbe Scherze machen? Vielleicht sogar Roboter, die genauso süß aussehen wie ich, wenn ich vor dem Fernseher einschlafe? Warum sollte eine Frau überhaupt noch mit mir zusammen sein wollen, wenn Maschinen alles, was ich kann, besser, höflicher und intelligenter können? Wahrscheinlich sogar umweltfreundlicher.»

Doch womöglich hat sich das mit dem Auto ohnehin bald erledigt. Angeblich existieren bei den Logistik- und Paketdiensten längst verwegene Überlegungen, wie Menschen auch sich selbst von A nach B verschicken können. Entsprechende Drohnen mit Freiluftgondeln stehen laut Verkehrsministerium kurz vor der Serienreife.

Aber bis dahin bleibt die Angst, intelligente, selbstfahrende Autos könnten Beziehungen gefährden. Insbesondere Männer überflüssig machen. Eine Freundin meinte hierzu jedoch kürzlich:

«Keine Angst. Frauen sind viel zu klug, um sich in ein superschlaues Auto zu verlieben. Niemand will ernsthaft einen Partner, der immer alles besser weiß und nie Fehler macht, auf die man ihn dann liebevoll hinweisen kann. Das ist doch keine Basis für eine glückliche Beziehung. Schlau sein können wir schließlich auch genauso gut selbst. Dafür haben wir Männer noch nie gebraucht.»

Das fand ich einleuchtend.

* * *

Sieht deine Wohnung verlassen aus,
bist du wahrscheinlich nich zu Haus.

* * *

Große Aufregung vor dem Gerüst. Verschiedene Verantwortliche sind eingetroffen und diskutieren angespannt. Offenbar sollten nun endlich mal die vorgesehenen Arbeiten durchgeführt werden. Dabei hat man aber festgestellt, dass das Gerüst vor anderthalb Jahren versehentlich vor der falschen Adresse aufgebaut wurde. Nicht Nummer 31, sondern Nummer 13. Ein Zahlendreher mit Folgen.

Am Ende aber wird alles gut. Man einigt sich darauf, einen Gutachter zu bestellen, der gucken soll, ob nicht auch an diesem Haus Arbeiten durchzuführen sind. Wo doch das Gerüst schon mal steht. Termin für den Gutachter ist noch unklar, aber so ist dann doch zumindest kein echter Schaden entstanden. Alle sind zufrieden.

Das Ding

In der Krankenhaus-Cafeteria. Am Nebentisch sitzt eine mittelalte Frau mit einer ihr ähnlich sehenden jüngeren Frau. Vermutlich die Tochter. Die Ältere trägt durchaus beeindruckende Verbände an beiden Händen und ist eigenwillig gekleidet. Eben wie jemand, der wirklich große Verbände an beiden Händen trägt, sich aber trotzdem ganz alleine anziehen wollte. Das entgeht auch der Jüngeren nicht.

«Wieso trägst'n du fünf Pullover übereinander?»

«Es sind nur vier.»

«Echt?»

«Ja, echt. Warum musst du immer so übertreiben?»

«Tschuldigung, sah aus wie fünf.»

«Sind aber vier. Und zwei T-Shirts.»

«Ach, deshalb.»

«Wie deshalb? Beim ersten Pullover bin ich gut mit dem linken Arm reingekommen. Mit dem rechten wegen der Verbände leider nicht. War schlicht zu eng. Ausziehen ging aber erst recht nicht mehr. Sah nu natürlich Stulle aus. Also habe ich versucht, einen anderen Pullover über das Desaster drüberzuziehen. Bin dabei allerdings am linken Arm gescheitert. Deshalb habe ich zum Üben zwei T-Shirts eingeschoben, bevor ich am dritten Pullover wieder gescheitert bin. Weshalb dann eben noch ein vierter notwendig wurde.»

Ihr Besuch schaut zweifelnd.

«So richtig gut ist es mit dem jetzt aber auch nicht geworden.»

«Das weiß ich selbst. Ehrlich gesagt, sieht es sogar schlimmer aus als bei den anderen Versuchen. Aber ich hatte keine weiteren Pullover mehr.»

«Hm, verstehe. Vielleicht auch Glück im Unglück.»

Die ältere Frau nickt und schlürft dann freihändig aus ihrer Milchkaffee-Schale. Dabei breitet sie ihre Arme mit den verbundenen Händen weit aus, sodass sie wirkt wie ein landender Albatros. Das könnte durchaus Anmut haben, wenn es geräuschlos wäre. Betrachte die unterschiedlichen Jogging- und Freizeithosen, die sie unter ihrem weiten Rock trägt. Offensichtlich gab es hier ein ähnliches Problem. Wie konnte sie mit diesen halb angezogenen Beinkleidern überhaupt laufen?

Das scheint sich auch ihr Gegenüber zu fragen. Allerdings spricht sie es nicht direkt an, sondern versucht einen irgendwie charmanteren Weg.

«Ist dieser Rock neu?»

«Das ist kein Rock. Das ist mein Bettbezug.»

«Wie?»

«Da es auch Komplikationen mit den Hosen gab, musste ich halt irgendwann improvisieren. Sieht doch vergleichsweise okay aus, oder?»

«Kommt auf den Vergleich an. Aber ist ja auch egal. Worum geht es denn? Also, was ist denn jetzt so wichtig, dass ich sofort kommen musste?»

«Ach, was schon. Das Ding muckt wieder rum!»

Sie wirft einen vernichtenden Blick auf ihre Umhängetasche, aus der die Tochter daraufhin ein Tablet zieht. An der Art und Weise, wie die eine sich bei der anderen über ein technisches Gerät beschwert, erkenne ich, dass sie definitiv Mutter und Tochter sind. Vermutlich hat das Kind ihr irgendwann mal das Tablet erklärt und ist seitdem für alles, was das «Ding» macht oder auch nicht macht, auf eine gewisse Weise verantwortlich. Während ich mich noch frage, wie die Mutter überhaupt mit ihren imposanten Verbänden den Touchscreen bedienen konnte, beginnt diese eine rund siebenminütige, randomisierte Beschimpfung gegen das «Ding», das Internet im Allgemeinen, dessen Konzerne, Algorithmen, unerwünschte Werbung, neue Nazis, alte Nazis, Social Bots, Sexisten, Krankenhauskeime, Antibiotika-Resistenzen, Putin-Trolle, Mikroplastik in den Weltmeeren, Textildiscounter, Joghurt mit Kaffeegeschmack, die Fleischindustrie und dann aber auch immer wieder gerne «das Ding». Welches wahlweise jedoch auch das «blöde Ding», das «verfickte Ding» oder eben das «blöde, verfickte Schweine-Kinderarbeit-Ding» genannt wird. Dabei allerdings schaut sie ihr Tablet nicht ein einziges Mal an. Die Entfremdung scheint schon sehr weit fortgeschritten.

Der Tochter ist es wohl dennoch gelungen, einige substanzielle Informationen aus der mütterlichen Tirade herauszufiltern. Das ermöglicht ihr lösungsorientierte Nachfragen.

«Okay. Du hast natürlich recht, aber was ist denn dein Geräte-Passwort?»

«Was weiß denn ich?»

«Wie? Du weißt das nicht?»

«Nein, das ist mein Passwort: ‹Was weiß denn ich?›»

«Was für ein Passwort soll das denn sein?»

«Na, meines. Das Ding hat mich gefragt, was ich für ein Passwort festlegen will. Ich habe geantwortet: ‹Was weiß denn ich?› Und dann ist es das wohl irgendwie geworden.»

«Auch gut. Und dein Telekom-Zugang?»

«Was weiß denn ich?»

«Wie, dasselbe Passwort?»

«Nein, natürlich nicht. Für wie blöd hältst du mich denn?

Ich habe keine Ahnung. Wer kann sich denn sein Telekom-Passwort merken? Das steht aber im Textdokument.»

«In welchem Textdokument?»

«Das Textdokument! Im Ding! Da steht es drin!»

«Welches Textdokument?»

«Im Ding. Da hab ich ein Textdokument mit all meinen Passwörtern!»

«Das wie heißt?»

«Na, ‹Passwörter› natürlich. Kann man nicht übersehen.»

«Du hast alle deine Passwörter auf deinem Tablet in einem Textdokument mit dem Namen ‹Passwörter›?»

«Nein, selbstverständlich nicht. Das war ein Witz. Für wie doof …»

«Frag das bitte nicht immer.»

«Das Textdokument mit den Passwörtern heißt –»

Sie macht eine kurze dramaturgische Pause.

«‹Unwichtig›.»

«Im Ernst?»

«Findest du das etwa kein gutes Versteck?»

«Das Wichtigste ist, dass es dir gefällt. Moment, bei Telekom steht hier: ‹ScHeisSe-sCheissE-KacKDrecK-miSt-scHeissE›.»

«Ja, genau.»

«Wie, genau?»

«Ja, eben.»

«Dein Telekom-Passwort ist ‹ScHeisSe-sCheissE-KacK-DrecK-miSt-scHeissE›?»

«Mein Gott, ich war, als ich das festgelegt habe, emotional sehr angespannt.»

«Dafür ist es allerdings vergleichsweise komplex. Auch noch mit diesen zufälligen Groß- und Kleinbuchstaben.»

«Ja, das war richtig mühsam. Erst wollte ich nur ‹Kack-dreck›, aber das hatte schon jemand anderes als Telekom-Passwort. ‹mist-mist-mist-mist-mist› war auch bereits verge-ben. ‹Verbrecherbande› genauso und so weiter und so fort. Also ehrlich gesagt, musste ich ziemlich lange probieren, bis ich in diesem Bereich etwas gefunden hatte, was noch kein anderer benutzt. Erst als ich bei der Groß- und Kleinschrei-bung variiert habe, klappte es.»

«Gute Idee.»

«Ja, war so ein Geheimtrick für sichere Passwörter vom Technik-Nick.»

«Von wem?»

«Technik-Nick. ‹Bild›-Zeitung. Nie gehört?»

«Nee. Aber ist es nicht auch ein bisschen die Frage, wie geheim so ein Geheimtipp noch ist, wenn er in der ‹Bild›-Zeitung gestanden hat?»

«Was weiß denn ich?»

«Und der heißt echt Technik-Nick?»

«Ja, ist ein bisschen so wie der Sanitär-Bär, die Allergie-Marie, der Mieter-Dieter, die Pflanzen-Franzi oder der Forst-Horst.»

«Diese Leute gibt es alle?»

«Ja, natürlich. Richtige Experten erkennt man daran, dass sich ihr Name auf ihr Spezialgebiet reimt. Weiß doch jeder!»

Die Tochter schaut plötzlich auf.

«Sag mal, wieso willst du überhaupt, dass ich das Ding wieder zum Laufen bringe? Mit deinen Verbänden kannst du das doch gar nicht bedienen, oder?»

Die Mutter strahlt unversehens.

«Na, das ist ja eben das Tolle.»

«Was ist das Tolle?»

«Guck mal, mit diesen dicken Klumpen an den Händen muss ich mich nur hier vor das Ding setzen und ein bisschen schimpfen oder weinen. Du glaubst nicht, wie schnell jemand Mitleid kriegt und mir Hilfe anbietet.»

«Was?»

«Echt, das ist super. Hier im Krankenhaus haben die meisten ja viel Zeit. Zack, sitzt einer vor meinem Ding, und ich muss nur noch diktieren oder Wünsche äußern. Die tippen und erledigen mir alles. Viel schneller und geduldiger, als ich das je könnte. Noch zwei Tage mit dem Tablet und den dicken Verbänden hier in der Cafeteria, dann hätte ich den kompletten Erledigungs- und Bürostau des letzten halben Jahres aufgearbeitet. Aber ausgerechnet jetzt muckt das Ding. Und dieses vertrauliche Zeug mit den Passwörtern lasse ich natürlich lieber von dir machen.»

Die Tochter stutzt.

«Sag mal, kann das sein, dass du jetzt so rein medizinisch gesehen diese riesigen Verbände an den Händen gar nicht mehr brauchen würdest?»

Die Mutter winkt ab.

«Doch, doch, in der modernen Medizin gilt ja der Grundsatz: Alles, was dem Patienten hilft, ist auch medizinisch sinnvoll. Und diese dicken Verbände helfen mir ja. In gewisser Weise.»

Nun schaut die junge Frau aufrichtig bewundernd.

«Bist du da ganz von allein draufgekommen?»

«Nee, war tatsächlich ein Tipp von so einem Online-Experten für Reha-Programme. Dem Rekonvaleszenz-Jens.»

Mein Leben in dreizehn Berufen: Erfinder von Berliner Redensarten (1998)

«Und davon, denken Sie, werden meine Kunden durstig?»

Lange und nachdenklich schaute der Wirt der «Bärenschenke» auf die Probeseite seiner neuen Karte. Die Peter für ihn entworfen hatte.

Peter, der schon rund zwanzig Start-ups gegründet hatte, lange bevor es den Begriff Start-up überhaupt gab, hatte ein neues Projekt. Ihm war aufgefallen, dass die meisten Speisekarten der Berliner Restaurants ziemlich lieblos und unpersönlich gestaltet sind. Zudem völlig humorlos. Ein Riesenmarkt, dachte Peter und begann, bessere Speisekarten zu entwerfen.

Aber die Wirte reagierten zurückhaltend. Eigenes Design, Logo und Zeichnungen fanden sie schon gut. Auch gerne ein bisschen witzig. Alte, lustige Berliner Weisheiten konnten sie sich gut vorstellen. Aber die meisten von denen waren ja schon reichlich abgehangen. Wer lacht denn noch wirklich über die immer gleichen, ollen Berliner Sprüche? Meinte Peter. Er wollte seinen Kunden alte Berliner Redewendungen bieten, die man eben noch nicht so kennt. Mit denen man selbst alteingesessene Berliner noch überraschen konnte.

Und so kam ich ins Spiel. Immerhin bot er mir fünfzehn Prozent der Firmenanteile an. Alles, was ich dafür zu tun hatte, war die gesamte Arbeit. Wobei das so nicht stimmte. Es war nur die Hälfte der Arbeit. Zeichnungen und Graphik machte Marie für zwanzig Prozent. Die «Akkwiese», wie Peter es nannte, teilten wir uns. Also er suchte die Lokale aus und vereinbarte die Termine. Marie und ich gingen dann hin, da Peter nach eigenem Empfinden beim ersten Eindruck leider oft unseriös wirkte. Was Quatsch war. Der erste Eindruck war eigentlich der einzige Moment, in dem man Peter noch leidlich vertrauenswürdig fand.

Meine Hauptaufgabe bei diesem Projekt war nun, mir neue alte Berliner Redensarten auszudenken. Und diese den Gastronomen vorzustellen. Zum Beispiel dem Wirt der «Bärenschenke». Der allerdings eher skeptisch reagierte.

«‹Das brutzelt dir das Obst weg.› Hm. Und unter dieser Zeile sind dann meine ganzen Spirituosen aufgeführt, oder was?»

«Genau, und dazu macht Ihnen Marie noch eine Zeichnung, wie Sie mit einem Stammgast trinken.»

«Ich trinke gar nicht.»

«Dann, wie zwei Gäste trinken.»

«Welche beiden Gäste denn?»

«Am besten zwei Frauen», half Marie, «das wirkt progressiver.»

«Wie wirkt das?»

«Modern.»

«Wozu?»

«Nur so.»

«Hier trinken normalerweise kaum Frauen.»

«Dann würden hier vielleicht mehr Frauen trinken.»

«Ich find das eigentlich gar nicht so gut, wenn Frauen trinken.»

«Aber grundsätzlich dürfen sie ja schon.»

«Ja, schon. Aber wer kümmert sich denn dann um die Kinder?»

«Welche Kinder?»

«Ich finde es gut, wenn meine Gäste Kinder haben.»

«Warum?»

«Ich mag Kinder. Die sind unsere Zukunft.»

«Der Mann kann sich um die Kinder kümmern.»

«Weil die Frau trinkt? Der Mann muss sich um die Kinder kümmern, weil die Frau trinkt? Das ist doch furchtbar.»

«Vielleicht macht der Mann es ja gern.»

«Aber deshalb muss die Frau doch nicht trinken.»

«Ich glaube, die Frau hat das mit dem Alkohol ganz gut im Griff.»

«Das denken alle. Immer. Aber die Erfahrung sagt was anderes.»

«Welche Erfahrung?»

«Meine Erfahrung.»

«Ich denke, hier kommen kaum Frauen zum Trinken her.»

«Es geht doch nicht um die ‹Bärenschenke›.»

«Worum denn?»

«Um Frauen im Allgemeinen.»

«Mit denen haben Sie solche Erfahrungen gemacht?»

«Man muss Erfahrungen nicht unbedingt machen, um sie zu haben.»

«Sagt wer?»

«Die Erfahrung.»

«Verstehe. Sollen wir Ihnen nun die Karte neu gestalten?»

«Diese alte Berliner Redewendung ‹Das brutzelt dir das Obst weg›, die kenn ich gar nicht.»

«Denken Sie nochmal nach.»

«Nie gehört.»

«Die ist uralt. Die kennen nur die ganz Alteingesessenen.»

«Meine Familie lebt in neunter Generation hier.»

«Ja, diese Wendung kommt auch mehr so aus der Zehlendorfer Ecke.»

«Ich bin am Mexikoplatz geboren.»

«Das liegt daran, dass die Redensart eben auch fünfzig Jahre verschollen war. Ich hab die in ganz alten Aufzeichnungen entdeckt. Auf eine Holztafel geritzt.»

«Mir gehen diese alten, original Berliner Redewendungen sowieso auf die Nerven.»

«Was?»

«Ja, dieses ganze ‹Icke-dette-kieke-mal-Zeug›. Wer will das denn noch hören?»

«Na ja, das ist immerhin der Geist von …»

«Wollen Sie sich nicht einfach neue Redewendungen ausdenken?»

«Bitte?»

«Na, so neue alte Berliner Redewendungen, die Sie sich aber frisch ausdenken. Sie sind doch ganz patent. Oder Ihre trinkende Freundin hier. Mit der kriegen Sie das doch hin.»

«Meinen Sie?»

«Na klar. Am besten nehmen Sie gleich das hier mit dem Obst wegbrutzeln dazu. Das merkt doch kein Mensch, dass das eine uralte, traditionelle Redensart ist. Also, ich würd Sie auch nicht verraten.»

Er war am Ende der einzige Gastwirt, der wirklich auf unsere Idee ansprang und einen Auftrag erteilte. Wir entwarfen ihm einen schönen Prototypen. Mit Maries tollen Zeichnungen und meinen original neuen alten Berliner Redewendungen wie etwa: «Jetzt steht der mir hier wieder die Ecken voll!» oder «An dem guckste dir die Brille schmutzig» und «Dem hat's doch die Boulette verwürzt». Leider hat die «Bärenschenke» dann noch vor Drucklegung dichtgemacht.

Der Speisekarten-PR-Coup kam wohl einfach ein halbes Jahr zu spät. Womöglich haben ihm aber auch der Vorschuss und unsere Freigetränke das Genick gebrochen.

Der Nachfolger, ein gehobenes Restaurant der chinesischen Küche, hatte kein Interesse. Obwohl ich angeboten hatte, mir für die Karte auch einige humorvolle, uralte chinesische Weisheiten neu auszudenken. – So endete auch dieses ungefähr zwanzigste Start-up von Peter, noch ehe der Name Start-up in Deutschland überhaupt existierte.

Otros países, otros modales

In der Schlange an der Kasse unseres Drogeriemarktes fragt mich die Freundin unvermittelt:

«Sag mal, was liegt denn da unter unserem Toilettenpapier?»

Hauche: «Nichts … Da liegt gar nichts drunter. Meines Erachtens. Also ich würde da gar nicht groß hingucken, weil da ja sowieso nichts liegt.»

«Doch, da ist doch was. Oh. Hast du etwa die Hühneraugenpflaster unter dem Toilettenpapier versteckt?»

«Könntest du bitte etwas leiser reden?»

«Ist es dir peinlich, dass wir Hühneraugenpflaster kaufen?»

«Welchen Teil von ‹rede bitte leiser› hast du eigentlich nicht verstanden?»

«Okay, ich kann auch flüstern, aber ich bin nicht sicher, ob wir dadurch unauffälliger sind.»

Tatsächlich drehen sich erst jetzt die anderen Kunden zu uns. Der Mann hinter uns räuspert sich.

«Ich glaube nicht, dass Ihnen hier irgendjemand zuhört. Die Leute interessiert Ihr Gerede doch gar nicht.»

«Was interessiert uns nicht?», brüllt es von weiter hinten in der Schlange.

«Dass die Herrschaften hier Hühneraugenpflaster kaufen. Die extra große Packung. Im Sonderangebot. Oh, sogar zweimal. Na, die leben nicht schlecht.»

«Ach so. Ja stimmt, das interessiert uns nicht!»

Alle Menschen in allen drei Kassenschlangen drehen sich

demonstrativ weg. Aber irgendwie doch auch wieder nur so, dass sie uns trotzdem noch gut im Blick haben. Eine ganz geschickte Art des Wegdrehens. Das machen die sicher nicht zum ersten Mal. An Kasse 2 übersetzt offensichtlich jemand alles bislang Gesprochene ins Spanische. Eine ältere Dame aus der Schlange an Kasse 3 fragt:

«Wer von Ihnen beiden hat denn die Hühneraugen?»

«Niemand hier hat Hühneraugen», zische ich.

«Was?», brüllt es wieder von hinten in der Schlange.

«Er sagt, dass niemand Hühneraugen hat», antwortet der Mann hinter uns.

«Aber warum kaufen die denn dann die Pflaster?»

«Das geht uns nichts an.»

«Ach ja, stimmt, hatte ich vergessen. Aber komisch ist das ja schon.»

«Natürlich, komisch ist das. Und doch geht es uns nichts an.»

«Selbstverständlich, wobei es einen schon interessiert. Und das ist ja erlaubt. Da kann man ja nichts für, wenn einen was interessiert. Ohne Neugierde keine Wissenschaft.»

«Das stimmt auch wieder. Wissenschaftlich gesehen ist es normal, dass einen das interessiert.»

«Selbst wenn es uns nichts angeht.»

«Gerade dann.»

An Kasse 2 wird derweil recht mühevoll versucht, Hühneraugen ins Spanische zu übersetzen.

«Ojos de pollos. Aua, aua!»

«Pollos ojos?»

«Si, oh, oh, oh. Aua, aua, aua!»

«Callos?»

«Si, callos. Caramba! Ojos pollos. Aua, aua, aua!»

Nun mischt sich auch ein Mann ein, der gerade an Kasse 3 zahlt.

«Das alles sollte Ihnen doch wirklich nicht peinlich sein. Hören Sie mal. Überhaupt rate ich davon ab, dass Ihnen noch irgendwas peinlich ist. Damit schaden Sie sich nur selbst. Das ist nicht klug und macht letzten Endes unfrei. Schauen Sie mich an. Seit ich beschlossen habe, dass mir überhaupt nichts mehr peinlich ist, gehört mir quasi die ganze Welt.»

Die Frau neben ihm schaut aufrichtig überrascht.

«Ach was? Dir ist überhaupt nichts mehr peinlich? Das wusste ich ja noch gar nicht.»

«Doch, das ist so. Und das weißt du auch. Ich traue mich zu sagen, was immer ich denke.»

Die Frau nickt.

«Ja, das stimmt allerdings. Du traust dich sogar, Dinge zu sagen, ganz ohne vorher zu denken. Das kannst du richtig gut. Oft merkt man gar keinen Unterschied.»

Er winkt souverän ab.

«Trifft mich nicht. Genau gegen diese Art Spitzen bin ich längst immun. Da steh ich drüber, weil ich da eben ganz frei bin.»

«Glaubst du das im Ernst? Das ist dein Bild von dir und der Welt? Dass du einfach so entscheiden kannst, dass dir nichts mehr peinlich ist? Dass das deiner Kontrolle unterliegt?»

«Natürlich. Wessen denn sonst? Das trifft es sogar ganz gut. Ich habe die völlige Kontrolle über mein Leben übernommen. Weil ich es kann. Ha!»

Die Frau fixiert ihn. Recht lange. Zuckt die Schultern und wendet sich plötzlich zur Verkäuferin:

«Ach so, und dann brauchen wir noch Kondome. Aber die

im Laden hier sind leider alle viel zu groß für uns. Viel zu groß! Das ist so ein Gezutzel ständig. Furchtbar. Haben Sie auch kleine? Ganz, ganz kleine bräuchten wir! Dann müssten wir auch nicht mehr immer so blöd mit den Knoten … Ganz kleine, dann würde für uns ein völlig anderes Leben anfangen. Das würde helfen, was?»

Bei den letzten Worten lächelt sie ihrem Mann selig entrückt ins Gesicht. Einen innigen Moment lang ist es ganz still. Selbst die spanische Simultanübersetzung verstummt für Sekunden. Dann setzt sie vorsichtig tastend wieder ein:

«Condón miniatura para pipo pequenjo?»

«Sí, Signora Nudo.»

«Nudo?»

«Sí, sí, practicar alemán, que sera?»

«Ah, otros países, otros modales.»

Der Mann lacht.

«Haha. Wunderbar! Netter Versuch. Wirklich. Schöner Scherz. Aber komm, hier wissen alle, dass du nur Spaß machst.»

Die ältere Dame schüttelt den Kopf:

«Nein, nein. Sie hat recht. Das kann ich bezeugen.»

Ruckartig fährt der Mann zu ihr herum.

«Was? Wer sind Sie denn? Ich kenne Sie doch überhaupt nicht.»

Die Seniorin verzieht keine Miene.

«Na, mein lieber Micha, nu tu mal nicht so fies, als wenn de dich nicht mehr erinnerst. Das ist ja nicht gerade charmant.»

«Was soll der Blödsinn? Im Übrigen heiße ich gar nicht Micha.»

«Ach, nen falschen Namen haste auch noch verwendet?

166

Das wird ja immer doller. So hatte ich dich eigentlich nicht eingeschätzt. Schon enttäuschend.»

Alle drei Kassenschlangen amüsieren sich prächtig. Außer Micha mit dem falschen Namen. Dem nun offensichtlich peinlich ist, dass ihm das jetzt doch unübersehbar peinlich ist. Der spanischen Gruppe hingegen ist das Ganze längst völlig egal. Fröhlich plaudernd verabschieden sie sich und versprechen, diesen Drogeriemarkt mit «cinco estrellas» zu bewerten.

Verzweifelt ruft der Mann ihnen nach:

«Aber Sie wissen schon, dass das alles nur Blödsinn war, ja? Sie glauben das nicht wirklich, oder? Das war alles Quatsch. Völliger Unfug. Fake News waren das. Verstehen Sie? Falsas noticias! Todo!»

Die ältere Dame beruhigt ihn.

«Ja, das mag wohl sein, dass das alles Unsinn war. Nützt Ihnen aber ja nun nichts, oder? Sehen Sie, selbst wenn Sie aufrichtig versuchen, dass Ihnen nichts mehr peinlich ist, kommt dann doch immer nochmal jemand, dem irgendwann noch weniger peinlich ist. Und dann wird's eben richtig peinlich. Der Peinlichkeit dieser Welt können Sie nie entrinnen.»

«Das Zennta» – ein Paradies, sie zu knechten

«20 Jahre Gesundbrunnencenter!»

So steht es auf der Einladung.

«So viele Erinnerungen. Feiern Sie mit!»

Na bravo, ich habe genau eine Erinnerung an das Gesundbrunnencenter. Und der verdanke ich bis heute diverse nächtliche Angstschweißausbrüche. In regelmäßig unregelmäßigen Abständen.

Es war ein verkaufsoffener Sonntag kurz nach der Eröffnung 1997. Voll war es im Gesundbrunnencenter. Aber so richtig proppe! Knall, bunt, laut. Neunziger-Jahre-laut! Tausende von einkaufenden, debattierenden, tütenschleppenden Weddingern tummelten sich. Alles untermalt von Sonderangebots- und Suchdurchsagen der zentralen Einkaufszentrumskommandoleitung. Schon ganz schön schön war es. Dieses neue große Ding. Jemand, den ich nicht kannte, der mich aber in Prospekten ständig mit «wir» und «unser» eingemeindete, nannte es:

«Unser neues Einkaufsparadies!!!»

Die anderen «wir» sagten: «Das Zennta.»

Kurz vor dem Riesensupermarkt im Erdgeschoss, wo sich alle Menschenströme bündeln, steht an jenem Tag im Jahr 1997 eine kleine Bühne. Ganz so, als hätte sie dort jemand verloren. Eine Lesung soll stattfinden, verkündet ein Aufsteller. Bei der Vorstellung muss ich lachen. Sehr laut lachen. Bis ich der Tafel auch noch entnehme, wer da lesen soll. Das hatte ich offensichtlich verdrängt. Will sofort wieder gehen, aber die Veranstalterin hat mich schon gesehen:

«Ah, Herr Evers, da sind Sie ja. Wie schön. Dann sollten wir gleich anfangen. Bevor noch was passiert.»

Während ich überlege, was sie damit wohl meinen könnte, lächelt sie mich an. Und wie. Eben mit einem Lächeln, das für mich alle Fragen beantwortet. Mir ist unmittelbar klar, dass ich mich jetzt auch ohne Zögern direkt mit dem nacktem Hintern in einen Ameisenhaufen setzen würde, wenn sie mich nur so lächelnd darum bäte. (Das waren die Regeln damals. Da hatte ich keinen bewussten Einfluss drauf. So funktionierte ich. Ich habe es seinerzeit akzeptiert und nie bereut. Also, außer bei ganz wenigen Ausnahmen. Die höchstens vier Fünftel aller Fälle ausmachen dürften.)

Die Bühne besteht aus einem Stuhl, einem Mikrophon und zwei kleinen Tischen. Einer davon leicht erhöht. Tatsächlich habe ich immerhin vierzig Leute Publikum. Denn vor uns stehen Stuhlreihen. Und neutrale Sitzgelegenheiten sind kostbar im neuen Zennta. Man könnte auch sagen: Alle, die zu müde sind, um weiter einzukaufen, werden automatisch zu meinem Publikum. Schon raffiniert eingefädelt.

Kurz darauf fange ich an. Ich spreche eine launige Begrüßung ins Mikrophon und erlebe etwas Erstaunliches. Nämlich ein völlig neues Niveau des Ignoriertwerdens. Ich bin wahrlich schon häufig in meinem Leben ignoriert worden. Aber so umfassend und anstrengungslos? Respekt. Das lernste vermutlich auf keiner Schule. Nichts und niemand im gesamten Einkaufszentrum zuckt auch nur, obwohl die Anlage ziemlich laut ist. Beeindruckend. Mensch, der Wedding! Der hat eben seine ganz eigenen Talente.

Beginne irgendwie erleichtert zu lesen. Aber das nervt mein Publikum dann wohl leider doch. Zumindest verdrehen einige die Augen. Bleiben aber still, weil: nützt ja nichts.

Habe rund zwei Absätze geschafft, als sich zum ersten Mal über die große zentrale Lautsprecheranlage die Hausleitung meldet: «Ding Ding Dong, der kleine Leon hat seine Eltern verloren und steht traurig in unserem Büro im zweiten Stock. Ding Ding Dong.» Die Hälfte meines Publikums erhebt sich und geht eilig zur Rolltreppe. Schon erstaunlich, wie verbreitet der Name Leon 1997 ist.

Lese grübelnd weiter. Eine Rentnerin zupft mich am Arm. «Entschuldigen Sie, wo geht's denn hier zu Mister Minit?» Erkläre ihr, dass ich mitten in einer Lesung bin und sie quasi gerade auf der Bühne steht. Sie verbeugt sich kurz und bekommt dafür weitaus mehr Applaus, als ich während der gesamten Lesung erhalten werde. Dann konkretisiert sie: «Mister Minit! Der macht auch Schuhe. Wo ist der?» Im Publikum recken sich zwanzig Arme in fünfundzwanzig verschiedene Richtungen. Sie nickt, erklärt: «Hab ich mir schon gedacht!», und geht los.

Ein Teil meines Publikums schließt sich ihr an. Vermutlich hoffen sie, dass das Programm bei Mister Minit theatraler ist. Womöglich haben sie recht.

Unterdessen haben zwei runde, laut in einer fremden Sprache redende Frauen, die aus dem Supermarkt kamen, ihre Einkaufswagen auf die Bühne geschoben und verladen nun dort am zweiten Tisch die gekauften Lebensmittel. In Plastiktüten. Ihre Kinder sitzen vor meinen Füßen, singen seltsame Lieder und spielen mit meinen Schnürsenkeln. Beschließe, einfach so zu tun, als wenn nichts sei, und lese weiter.

Ein Mensch mit Handzetteln von irgendeiner Pizzeria kommt und fragt, ob er an meinem Mikrophon ein paar Durchsagen machen kann. Irritierenderweise fragt er die beiden runden Frauen. Die erlauben es ihm. Zwar mürrisch, aber mit einer recht eindeutigen Handbewegung. Daraufhin drückt er mich mit der Schulter etwas zur Seite, damit er besser an das Mikro kommt, und beginnt, Teile der Speisekarte vorzustellen. Ich versuche, das Beste aus der Situation zu machen, und handele eine Gratispizza für mich raus.

Als der Pizzamensch redet, wächst das Publikum wieder an.

Schaue verzweifelt zum Techniker, aber der hat sich längst eine große Papiertüte über den Kopf gestülpt und kriegt nichts mehr mit. Er weiß, wie es läuft. Macht das, im Gegensatz zu mir, wahrscheinlich nicht zum ersten Mal. Immerhin habe ich vom Pizzamenschen gelernt und tue jetzt auch so, als würde ich Speisekarten vorstellen. Denke mir einfach irgendwelche Restaurants, Gerichte und Preise aus. Das findet leidlich Interesse.

«Ding Ding Dong!» Wieder die Kaufhausansage. «Wir haben leider nicht mehr genug kleine Leons hier für die vielen Eltern, die gerne welche bei uns abholen wollen. Wenn es noch Leons gibt, die Eltern benötigen, sollen die sich bitte in unserem Büro melden! Ding Ding Dong!»

Aus dem Augenwinkel verfolge ich, wie eine Gruppe Kinder, wahrscheinlich Leons, lautstark diskutiert:

«Du bist ein Feigling!»

«Bin ich nicht.»

«Bist du doch, du traust dich ja nicht mal, dein Eis auf den Mann am Mikrophon da zu werfen!»

Die Unterhaltung der Kinder findet mein Interesse.

«Trau ich mich doch.»

«Tust du nicht!»

«Doch.»

«Nein.»

«Doch.»

«Angsthase, Pfeffernase, Angsthase ...»

Dann traut er sich.

Ducke mich geistesgegenwärtig, wodurch mir das Eis statt vor die Brust gegen den Kopf fliegt. Bekomme erstmals Szenenapplaus. Spüre einen unerwarteten Stolz. Male nun während des Lesens mit dem verlaufenden Eis kleine Bildchen auf meine Stirn. Das funktioniert, die Leute hören und staunen, was man alles so mit verlaufendem Eis auf die Stirn malen kann, während man sich Texte für Speisekarten ausdenkt.

Die Veranstalterin spricht daher später auch von einem vollen Erfolg. Wobei sie leider von der Lesung selbst nichts mitbekommen habe, da sie in einem wichtigen Meeting gewesen oder angerufen worden sei oder beides. Jedenfalls sei die Resonanz sehr gut gewesen. Und das war ja auch mein Eindruck. Zumindest lächelt sie wieder, und darum geht es ja.

Wenngleich auch einige Zuschauer hinterher sagten, am besten hätte ihnen schon gefallen, wie ich später auf offener Bühne Pizza gegessen hätte. Weil ich da eben auch mal nicht geredet hätte. Das sei schön gewesen. Dadurch habe die Lesung sehr gewonnen. Auch vom Ambiente her. Und toll sei natürlich gewesen, wie ich ganz zum Schluss wegen der verknoteten Schnürsenkel gestolpert und lang hingeschlagen sei. Das sei lustig gewesen. So was hätte ich mehr machen sollen. Und früher! Na ja, vielleicht beim nächsten Mal.

Dafür konnte ich mich mit einem Gutschein trösten, den mir jemand nach der Lesung brachte. Für ein Restaurant, für das ich wohl unabsichtlich geworben hatte. Obwohl es auch

Beschwerden gab, da das von mir vorgestellte Joghurtschnitzel mit frischen Schnapskirschen dort gar nicht auf der Karte war.

«20 Jahre Gesundbrunnencenter!» Das sind Erinnerungen. Die man nie vergisst. Was irgendwie schade ist. Aber was will man machen? Erinnerungen sind eben auch ein Paradies, aus dem man nie entlassen werden kann.

Ufe und abe chutet

«Ins Tessin!», sagte der Mann an der Autoverleihstation. «Auuuuhhh!!! Da haben Sie sich aber was vorgenommen. Tessin! Boah! Da sind die Straßen aber sehr steil! Und eng! Und verwinkelt! Und kurvig ist das da! So kuuuurvig! Ins Tessin! Da sollten Sie aber lieber ein Auto leihen, das solche Straßen auch fahren kann!»

Ich hatte den billigsten Kombi reserviert. Hauptsache, Kofferraum. Denn die Familie hatte angekündigt, sehr viel Zeug ins Tessin mitnehmen zu wollen. Zum Wandern, zum Baden, zum auch mal schick ausgehen oder zum einfach angucken können, was man alles so mitgenommen hat.

Die Hütte, die wir über Freunde für drei Wochen angemietet hatten, liege hoch und einsam im schroff-steilen Weinhang. Total malerisch! Hatte man uns vorgeschwärmt. Wie in einem Multicolorfilm der sechziger Jahre. Die Zufahrt zum Rustico allerdings, diese letzten zwei Kilometer Straße im Weinhang, die seien schon speziell. Wirklich nicht so ganz einfach zu fahren, weil sehr steil und sehr eng und sehr verwinkelt, aber auch unübersichtlich und mit Gegenverkehr, jedoch ohne Ausweichstellen. Ja, das sei schon etwas grenzwertig. Man brauche jedoch unbedingt ein Auto, denn laufen könne man das noch weniger als fahren. Dazu sei es zu steil! Und eng! Und verwinkelt …

«Mit dem Auto, das Sie reserviert haben, ins Tessin?» Der Autoverleihmensch schüttelte nach wie vor den Kopf. «Rate ich dringend von ab. Doch Sie haben Glück. Ich kann Ihnen hier für nur einen ganz geringen Aufpreis einen Audi A6

Automatik-Allradantrieb anbieten. Der hat alles, was Ihnen hilft. Auch eine komplette Umgebungswarnelektronik. Die informiert Sie immer rechtzeitig, wenn es doch mal zu eng werden sollte. Sie werden sehen. Ihre Nerven werden es Ihnen danken.»

Die Familie hat gestaunt, als ich mit diesem Wagen daheim vorgefahren bin. «Wie ein Meerschweinchen in einem Schnellboot» hätte ich gewirkt. Ich weiß nicht, ob sie das als Kompliment gemeint haben.

Also ein A6. Es ist bekannt, dass auf Landstraßen, beispielsweise in Niedersachsen, kein Auto mehr gefürchtet ist als der A6. «A6 bremst nie» lernt dort jedes Kind, bevor es den Kopf heben kann.

Ein Freund erklärte mir: «Wenn du einen Audi A6 Quattro fährst und dann mit nur 130 km/h über die Autobahn tuckerst, hält die Polizei dich an, weil sie denkt, du hast etwas zu verbergen. So ein Auto erzeugt einfach eine gewisse Erwartungshaltung. Mit dem kannst du nicht rumbummeln. Das ist, als wenn du dir einen Weber-Spezial-3000-Grad-Profigrill, Typ Triple X mit Beefer und Dolby-Surround-Umluft-Meisterröstungsfunktion, kaufst, allen Freunden davon erzählst, sie zum Grillabend einlädst und ihnen dann verkündest: ‹Damit mache ich uns heute Toast!›»

Und so in etwa müssen sich die einheimischen Autofahrer gefühlt haben, als sie dann hinter mir in den Serpentinen des Tessins hingen.

Also, um jetzt Missverständnissen vorzubeugen: Ich bin auf dem Land groß geworden. In einer Gegend, in der man schon zwei Wochen vor seinem achtzehnten Geburtstag die Führerscheinprüfung gemacht hat, um garantiert am Geburtstag selbst um Punkt 0:01 Uhr losfahren zu können. Ich war später in Berlin als Taxifahrer, Eilzusteller und Paketbote in wirklich großen Fahrzeugen unterwegs. Ich kann guten Gewissens sagen, dasss ich kein unerfahrener oder unsicherer Autofahrer bin. Aber wie man auf diesen Straßen im Tessin die von der Verkehrsordnung vorgeschlagenen und von den Einheimischen geforderten achtzig Stundenkilometer fahren soll, blieb mir ein Rätsel. Als ich einmal versehentlich bergab doch auf sechzig Stundenkilometer beschleunigt hatte, verlor ich direkt, nur durch pures Schwitzen, in dreißig Sekunden ungefähr zwei Liter Körperflüssigkeit. Also zumindest fühlte sich der Sitz hinterher so an. Innerhalb kürzester Zeit führte ich gewaltige Autoprozessionen an. Obwohl vor mir alles frei war, wurde dort, wo ich unterwegs war, im Schweizer Verkehrsfunk zäh fließender Verkehr gemeldet.

Doch das war alles noch nichts gegen diese letzte Straße. Den ungefähr zwei Kilometer langen Schlussanstieg zur einsamen Weinberghütte. Zweitausend Meter, für die ich, trotz A6, jedes Mal ungefähr eine halbe Stunde brauchte. Zwei Kilometer, die so steil waren, dass der Abstandswarnmelder vorne praktisch die ganze Zeit piepte. Da er dachte, ich fahre gegen eine Wand. Zwei Kilometer, die zudem so eng und kurvig in den Berg geschlagen waren, dass auch alle anderen Abstandsmelder durchgehend fiepten, weil sie das Gefühl hatten, ich würde zweitausend Meter lang ununterbrochen einparken. Was, unterstützt von unseren Paniklauten, eine Geräuschkulisse erzeugte, die uns innerhalb kurzer Zeit bei den Bergbewohnern einen gewissen Bekanntheitsgrad verschaffte.

Also ich weiß nicht, ob man sich das vorstellen kann. Wie es sich auf den inneren Frieden auswirkt, den eigenen wie den der anderen Auto-Insassen, wenn in einem Fahrzeug alle

Abstandsmelder eine halbe Stunde lang ununterbrochen piepen. In den Bergen, mit Echo, Super-Akustik, Klangvolumen und allem! Jeden Tag zweimal. Rauf und runter. Also irgendwann nur noch jeden zweiten Tag, weil wir es nervlich einfach nicht mehr durchgestanden haben. Und alle Versuche, bei diesem Leihwagen die Abstandsmelder abzustellen oder zumindest leiser piepen zu lassen, scheiterten natürlich.

Zusammengefasst kann man sagen: Es war ein Erlebnis. Für alle Beteiligten! Also auch für die anderen Touristen und die Einheimischen. Extremurlaub der besonderen Art.

Als uns nach gut der Hälfte der Zeit unten auf dem Parkplatz vor dem Supermarkt jemand im Schweizer Hochdeutsch ansprach: «Saget Sie mal, sind Sie nicht der A6, der hier ständig den Berg ufe und abe chutet?», konnte ich nur noch still und schuldbewusst nicken. Er aber blieb höflich, wie die Schweizer nun mal sind. «Wollet Sie das nicht mal anders einstellen?»

«Ja, aber das ist ein Mietwagen. Ich habe keine Ahnung, wie das geht.»

«Oh, wenn das das Problem ist, kenn ich vielleicht jemanden für Sie.»

Er telefonierte, und kurz darauf kam ein ungefähr vierzehnjähriges Mädchen, das sich unser Auto ansah, ein wenig googelte und dann die Abstandsmelder innerhalb von zwei Minuten so neu einstellte, dass sie nur noch piepten, wenn es wirklich eng wurde. Zudem auch leiser und weniger enervierend.

Ich erzählte dem Mann währenddessen, dass wir aus Berlin seien.

«Ouh», sagte er anerkennend, «Berlin, nein, also das kann ich mir für mich nun nicht vorstellen, denn das muss ja wirklich sehr anstrengend und nervenaufreibend sein, da mit dem Auto unterwegs zu sein.»

«Och», antwortete ich, «die einen sagen so, die anderen so.»

Mein Leben in dreizehn Berufen:
Rockstar (1985)

«Wenn du als Musiker wirklich erfolgreich sein willst», sagte der Studioboss, «gibt es eigentlich nur eine einzige Regel, die du befolgen musst: Mach am besten immer wieder das gleiche Lied, aber ohne dich zu wiederholen!»

Der Studioboss hieß Henry und war Uwes Vater. Er spielte als Bassist in diversen Coverbands für Volksfeste und hatte im Keller einen Proberaum mit Aufnahmemöglichkeit eingerichtet. Hier wollten wir nun auch unseren ersten ganz großen Hit produzieren.

Mir war allerdings ein bisschen mulmig bei dem Gedanken, dass wir dieses Stück, falls es wirklich richtig erfolgreich werden würde, dann immer wieder machen müssten. Schließlich ging es mir jetzt schon auf die Nerven. Und das, obwohl es noch jedes Mal anders klang. Da wir es auch erst zur Hälfte konnten. Leider konnte jeder von uns eine andere Hälfte. Was letztlich dazu führte, dass das Lied aus vier Hälften bestand. Was es nicht einfacher machte. Weder zu spielen noch zu hören.

Dennoch hatten wir bereits unsere Regeln. Die drei wichtigsten waren: «Wer probt, kann nichts!»; «Authentizität schlägt Virtuosität»; und «Wenn man nur lange genug Rockstar ist, kommt das mit der Musik irgendwann von ganz alleine».

Uwes Vater hieß übrigens nicht wirklich Henry. Das war sein Musikername. Er kam aus einer Generation, in der noch alle Bandmitglieder englische Namen haben mussten. Sonst wäre es Volksmusik, und wer Volksmusik macht, trinkt auch Apfelkorn. Sein Geburtsname war Heinrich, der Musikername also, logisch, Henry. Genauso war es bei Tom (Thomas), Mike (Michael), Joe (Jörg!) und Ziggy (Karl-Heinz?).

Henry fand unser Lied schlecht. Er fand die ganze Band miserabel. Zum Beispiel weil außer Uwe, seinem Sohn, niemand sein Instrument richtig beherrschte. Darüber, dass er so was wichtig fand, machten wir uns ein wenig lustig. Außerdem hielt er unseren Ansatz für zu verkopft. Da konnte schon eher etwas dran sein.

Wir wollten eine politische Rockband sein. Mit Anspruch. Das sollte schon durch unseren Namen klarwerden. Zuerst nannten wir uns «Keine Arbeit für alle!», das funktionierte auf dem Land gar nicht. «Arbeit macht Arbeit» löste schwierige Diskussionen aus, und «Geld statt Arbeit» verstand niemand.

Also änderten wir unseren inhaltlichen Schwerpunkt. Mehrfach. Am erfolgreichsten war wohl der Bandname «Ken ist schwul». Was sich auf den Ken von Barbie bezog. Doch leider stellte sich heraus, dass man uns dann nicht, wie erwartet, «die Kens» nannte, sondern «die Schwulis». Aus heutiger Sicht wäre das natürlich ein hervorragender Name gewesen. Also «die Schwulis». Damals aber war es uns, trotz aller Progressivität, denn doch unangenehm.

Wir hatten ein Stück, von dem wir dachten, dass es ein richtig großer Hit werden könnte. Es hieß «Paradoxie-Galaxie» und handelte beispielsweise davon, dass wirkliche Anarchie leider nur funktionieren kann, wenn sich alle an die Regeln halten. Für uns schaffte dieses Stück genau den schwierigen Spagat zwischen Anspruch und kraftvoller moderner Rockmusik mit Wumms. Es beinhaltete gleich vier musikalische

Stilrichtungen (Punk, Heavy Metal, Singer/Songwriter und Bebop), da ja jeder seine eigene Hälfte spielte. Zudem war es ziemlich krass gegen die Erwartungshaltung gebürstet. Vor allem, wenn jemand gute Musik erwartete. Doch in jedem Fall hatte es ganz sicher etwas Außergewöhnliches, Eigenes. Das vermisst man in der heutigen Musik ja häufig.

Leider sind alle Aufnahmen, genauso wie der Originaltext, wohl für immer verschollen. In unseren Herzen aber lebt die Erinnerung fort. Dass da mal etwas war, was man lange schon vergessen hat, von dem man eigentlich nichts mehr weiß, außer dass es super war. Irgendwie macht mich das glücklich.

Der Lärm des vorigen Jahrhunderts

Ralf sagt, sein Sohn höre jetzt «Death Metal». Also «Totes Metall»-Musik. Nach kurzer Diskussion sind wir uns einig, dass wir beide nicht wirklich wissen, was wir uns darunter vorzustellen haben. Höchstens eine grobe Ahnung könnten wir zusammentragen, doch keiner kann auch nur ein Stück «Totes Metall»-Musik benennen, geschweige denn summen. Denn obwohl Ralfs Sohn das wohl ständig hört, hört man ja nichts davon. Da er es immer nur mit Kopfhörern tut. Ziemlich gute Kopfhörer, von denen praktisch nichts nach außen dringt.

Früher hatten es die Eltern noch gut. Da wussten sie noch sehr genau, welche Musik die Kinder hörten. Weil diese Musik laut war. Im ganzen Haus zu hören. Richtig laut! Musik für alle!! Als Familien eben noch Dinge gemeinsam gemacht haben. Machen mussten. Wie zum Beispiel Musik hören. Also das Kind hat sehr laut Musik gehört. Der Vater im Takt gegen die Tür geschlagen und die Mutter mit Sopran-Leadstimme gebrüllt. Was schon auch eine Art gemeinsames Musizieren war. Irgendwie. Die familiäre Tradition der Hausmusik im 20. Jahrhundert sozusagen. Was das Zusammengehörigkeitsgefühl stärkte. Auf eine ehrliche Art. Denn damals gab es eben nicht diese digitale Nähe durch geteilte Snapchat-Inhalte zum Beispiel. Sondern noch Nähe durch Nähe. Massive Nähe. Die man auch erst mal aushalten musste.

Heute, meint Ralf, seien die kabellosen Kopfhörer teilweise so klein geworden und die Haare seines Sohnes so lang, dass er oft nicht mehr richtig einschätzen könne, ob und wie laut sein Kind Musik höre, während es mit ihm spreche. Manchmal könne er sogar kaum beurteilen, ob es überhaupt sein Nachwuchs ist, der da nicht mit ihm spricht, während er sich mit ihm unterhält. Den Antworten nach zu urteilen, könnten es auch irgendwelche Passanten sein.

Dafür würden Textnachrichten aber immer ziemlich zügig beantwortet. Vor allem wenn man dem Kind etwas schreibt, während man mit ihm spricht. Dann dürfe man sich darauf verlassen, dass die Antworten sofort kämen. Vermutlich, weil die Jugendlichen während eines Gesprächs mit den Eltern ja nichts Wichtiges zu tun haben und daher mal in Ruhe Textnachrichten beantworten können.

Doch so schlimm findet Ralf das alles gar nicht. Im Gegenteil. Denn Ralf hat vier Kinder, und beispielsweise im Auto auf Urlaubsfahrten war das dadurch früher schon wahnsinnig laut. Heute hat jedes der Kinder seinen Kopfhörer auf und schweigt. Falls doch mal eines mitsingt, hören es die anderen nicht. Wegen der Kopfhörer. Das übliche Zanken erledigen sie still schreibend per Whatsapp. Nur ab und zu würden sich die Bälger vielleicht mal unmotiviert ein bisschen hauen. Aber das geschähe wohl mehr aus einer gewissen Nostalgie heraus. Meint Ralf. Der alten Zeiten wegen. Das ist normal. Gemessen am sonstigen Unfug, den man so der alten Zeiten wegen macht.

Nehmen wir zum Beispiel: Miraculi. Viele haben so eine goldene Kindheitserinnerung an das große Glück, das sie bei diesen Nudeln mit Soße empfunden haben. Sie kaufen es, kochen es, stellen fest, wie unerfreulich es schmeckt, und werden nachdenklich. Wie traurig und ereignislos muss eigentlich eine Kindheit gewesen sein, wenn man sich an solch ein Essen als einen Höhepunkt erinnert?

Die einzige wirklich seriöse Aussage, die Ralf und ich über «Death Metal» treffen konnten, war übrigens, dass diese Musik aus unglaublich viel Geräusch besteht. So ähnlich wie mein sehr alter und sehr klappriger VW Passat, den ich 1991 mal in eine Werkstatt gebracht habe, wo der Kfz-Mechaniker dann tatsächlich auch schlicht meinte:

«Dieser Wagen ist praktisch nur noch totes Metall.»

Damals ahnte ich nicht, dass er mir damit wohl mitteilen wollte, mein sehr lautes Auto sei quasi eine eigene Musikrichtung. Sonst hätte ich mich gefreut.

Nun bleibt mir nur die Überraschung, wie gerne ich mittlerweile selbst Death Metal höre. Darin eine unaufdringliche Schönheit und beruhigendes Übertönen meines inneren Surrens finde. Vielleicht ist es aber auch nur dieser Lärm des vorigen Jahrhunderts, in dem ich mich irgendwie geborgen zu fühlen scheine.

Wer hätte gedacht, dass man so viele Arten von Heimat vermissen kann?

Mein Leben in dreizehn Berufen: Werbetexter (1984)

Am Dümmer See im Landkreis Diepholz gab es früher eine Strandbar, die immer Themenabende veranstaltet hat. Themen waren etwa Malediven, Karibik, Seychellen oder Ähnliches. Man braucht viel Phantasie, um sich im Landkreis Diepholz an einem kühlen Regenabend im April wie auf den Malediven zu fühlen. War für uns jedoch kein Problem. Phantasie konnten wir. Schon immer. Wir hatten ja sonst nichts. Nur Phantasie lag überall in großen Haufen rum. Oft hatten wir sogar mehr Phantasie, als wir uns vorstellen konnten.

Manchmal gab es im Landkreis auch Wettbewerbe, bei denen man sich Slogans für Diepholz ausdenken sollte. Ich habe da immer mitgemacht und nie gewonnen. Als die Wirtschaftsförderung beispielsweise junge Unternehmen anlocken wollte, habe ich für die Kampagne eingereicht: «Wer sich aus dem Nichts etwas aufbauen will, braucht erst mal ein ordentliches Nichts. Wir haben hier jede Menge davon. Gucken Sie selbst!» Das war auch die Catch-Phrase: «Gucken Sie selbst!» Und dazu dann Bilder aus dem Landkreis, auf denen man praktisch nichts sieht.

An den damaligen Gewinnerspruch erinnere ich mich nicht mehr. Aber sehr wohl daran, dass sich kein Unternehmen angesiedelt hat. Weshalb ich bis heute der Meinung bin, man hätte meine Sätze nehmen sollen. Mit denen wäre zwar auch niemand angelockt worden, aber alle hätten vermutet, dass es am Slogan gelegen habe. Das wäre weniger demütigend gewesen.

Doch einmal hatte ich Erfolg. Der einzige Werbespruch von mir, der jemals genommen wurde, war für den Themenabend Mallorca in besagter Strandbar gedacht. Für dessen Reklameplakate habe ich seinerzeit getextet: «Draußen nur Eimer». Was heute, in einer Zeit, in der es nur noch wenige Lokale gibt, die «Draußen nur Kännchen» anbieten, womöglich kaum noch jemand versteht. Doch damals hat es mir immerhin sieben Freigetränke eingebracht. Darunter zwei Eimer. Nachdem ich die mit drei Freunden ausgetrunken hatte, sind wir direkt davor eingeschlafen. Woraufhin der Wirt uns fotografiert und später unter das Bild, das ab da am Tresen hing, geschrieben hat: «Gucken Sie selbst!»

Außerplanmäßig zum Stehen gekommen
oder Das Eisenbahnwunder

Kurz vor Augsburg bleibt unser ICE plötzlich auf freier Strecke stehen. Einfach so. Ohne Ruckeln. Ohne Kampf. Ohne Vollbremsung. Alle Passagiere gucken sich in routinierter Ratlosigkeit an. Noch bevor einer was sagen kann, kommt die Durchsage:

«Sehr geehrte Fahrgäste, wir sind hier leider außerplanmäßig zum Stehen gekommen.»

«Ach was», grummelt ein Mann im gestreiften Hemd, «und ich dachte schon, es wäre was mit der Landschaft.» Dazu gurgelt er ein Lachen, das wie eine Geschirrspülmaschine klingt, in der sich ein Topfdeckel und ein Sprüharm verhakt haben.

Die Landschaft, die er meint, besteht praktisch ausschließlich aus Gegend. Ein Kind fragt, ob das schon Augsburg sei. Die Mutter erklärt wortwörtlich: «Nein, nein, Augsburg erkennt man am Bahnsteig.» So hat halt jede Stadt ihre Wahrzeichen.

Andere Reisende haben keinen Ehrgeiz mehr, ihre Unruhe länger zu verbergen:

«Ich hab nur fünf Minuten zum Umsteigen!», brüllt einer.

«Na, seien Sie froh!», antwortet der lustige Streifenhemdmann. «Dann haben Sie es wenigstens schnell hinter sich. Ich werde jetzt fast dreißig Minuten zittern müssen, bis endlich keine Hoffnung mehr auf meinen Anschlusszug besteht.» Doch die Geschirrspülmaschinengeräusche seines Lachens sind bereits hörbar verbitterter.

Und nicht nur bei ihm. Keine Frage, unter der dünnen Schicht fatalistischer Scherze brodelt es bereits in unserem Waggon. Und zwar erheblich. Man hat das Gefühl, jeden Moment könnte es hier zur Explosion kommen. Der Aufruhr rühren. Die Lunte lunten. Die Säge sägen. Die ganze aufgestaute Wut wegen all der Dinge sich entladen. Es sind ja so viele Dinge zurzeit. So viele Zumutungen. So viel Unverstand. Es ist doch nur logisch, dass da irgendwann der Topf vom Deckel fliegt. Der Widerstand beginnt. Gegen den Wahnsinn. Und wo könnte diese Rebellion der Geknechteten denn sinnvoller beginnen als in einem ICE, der seine Anschlusszüge nicht bekommt?

Doch dann, in die angespannte Stimmung hinein, macht der umsichtige Lokführer eine zweite Durchsage. Eine Durchsage, die alles verändern wird. Denn er sagt:

«Entschuldigen Sie bitte die Unannehmlichkeiten. Aber der Grund, weshalb wir hier außerplanmäßig zum Stehen gekommen sind, ist: Unser Zug – brennt!»

Hui. Für einige Sekunden herrscht vollkommene Stille. Einen kurzen Moment lang ist jeder mit sich und seinen Gedanken ganz allein.

Dann jedoch bricht es los. Ein gewaltiges Raunen, das schnell zu einem gehörigen Hallo anschwillt.

«Der Zug brennt!!! Boarhh! Das ist mal was. Da kannste nix sagen!»

Wie es scheint, sind plötzlich alle irgendwie sehr zufrieden mit ihrem Verspätungsgrund.

«Der Zug brennt! Respekt! Das ist mal nicht so ein Pillepalle-Defekt wie ‹Signalstörung› oder ‹Verzögerungen im Betriebsablauf›. Nein! Der Zug brennt! Das hat Rhythmus! Das gilt! Das mag man auch gerne mal in die Whatsapp-Gruppe schreiben. Der Zug brennt! Das macht was her. Da werden alle staunen! Ha! Das erlebste nicht jeden Tag!»

Ein wenig wird bedauert, dass man keine Fotos machen kann. Da wir nicht durch den Zug laufen dürfen und der Brand wohl ganz am anderen Ende ist. Man sieht und riecht nichts. Genau genommen wüssten wir ja ohne die Durchsage nicht mal, dass unser Zug brennt. Doch niemand wagt es, seinen Platz zu verlassen.

«Die Lage ist ernst, also nehmen Sie sie auch ernst», sagt der Streifenhemdmann, und alle stimmen ihm zu.

Nun wollen die Ersten auch einen leichten Brandgeruch bemerken. Ich jedoch rieche nur das, was ich schon die ganze Fahrt über rieche. Nämlich die Lammchiliknoblauchsalami meines Platznachbarn. Die ja wohl erst später brennt. Und nur bei ihm. Hoffe ich mal.

Doch dann wird auch schon unser Ereignis fortgesetzt. Denn es kommen in schneller Folge die Feuerwehr, die Polizei, das Technische Hilfswerk und einige erstaunliche, große und bunte Gefährte. Bei jedem neuen Einsatzfahrzeug gibt es einen kleinen Applaus aller Mitreisenden. Mittelalte Männer googeln unter leisem, glückseligem Juchzen die Typen der Rettungsfahrzeuge, um dann Fachwissen auszutauschen, das sie sich direkt aus ihren Smartphones gegenseitig vorlesen. Wen das nicht anrührt, der hat nie Autoquartett gespielt.

Es ist erhebend.

Doch langsam, ganz langsam droht der Alltag wieder Einzug in unser Erlebnis zu halten.

«Wie lange wird dieses ganze Bohei denn jetzt wohl *tatsächlich* dauern?», fragen schon die ersten Fahrgäste.

«Also mittlerweile zieht sich das ja nun doch ganz schön», beschweren sich die zweiten.

«Es ist ja nicht so, dass man nichts anderes zu tun hätte», zürnen die dritten.

«Man sieht ja immer noch nichts», klagen die vierten.

«Hat überhaupt jemand Beweise, dass es diesen Brand gibt?», raunen die fünften.

Doch kurz bevor die Stimmung wieder ins dramatisch Gereizte kippen kann, geschieht das Wunder. Darum allein geht es in dieser Geschichte. Um das Wunder, das alles wendet und nun geschieht. Denn der Lokführer macht plötzlich noch eine Durchsage. Eine Durchsage, die bereits Teil des Wunders ist:

«So, verehrte Herrschaften. Da Ihnen ja wahrscheinlich schon langweilig wird, habe ich jetzt mal mit dem Einsatzleiter gesprochen, wegen einer Idee, die ich hatte. Und da es keinerlei Verletzte gibt, hatte der keine Einwände. Gut. Also Folgendes. Hundert Meter vor uns ist eine große Kurve. Da werde ich jetzt vorsichtig reinrollen. So, dass Sie dann von allen Wagen aus eine gute Sicht auf die Lösch-, Metall- und Rettungsarbeiten haben.»

Was er dann auch gemacht hat. Einfach so. Also er ist tatsächlich in die große Kurve vorgerollt, und alle Fahrgäste des ICEs stehen daraufhin rund dreißig Minuten am Fenster und schauen bei Arbeiten zu, obwohl man genau genommen eigentlich gar nichts so richtig erkennen kann.

Doch das stört jetzt niemanden mehr. Wir können zugucken und wurden ernst genommen. Darum geht es. Auch wenn nichts von Belang passiert. Hauptsache, wir haben das Gefühl, dabei zu sein, wahrgenommen zu werden und was zu erleben. Und das haben wir. Aber hallo. Alle sind begeistert.

Kein Mensch beschwert sich mehr wegen der mittlerweile gut zwei Stunden Verspätung. Im Gegenteil, auf dem Bahnsteig in Augsburg bedanken sich alle beim Lokführer. Auch ich. Um mich dann wegen des einsetzenden Regens in eine kleine Bäckerei am Bahnhof zu begeben. Diese bietet, da sie nur Stehtische hat, tatsächlich einen «Coffee to stand» an. Das finde ich ehrlich, und ich bestelle einen. Nach kurzer Zeit gesellt sich eine Frau zu mir an den Tisch. Versuche, Konversation zu treiben, und sage:

«Hm, sieht nach Regen aus, was?»

Sie nickt, schaut auf meinen Becher, antwortet:

«Ja, finde ich auch, soll aber wohl trotzdem Kaffee sein, was?»

Ich lache, wir kommen tatsächlich ins Gespräch, und dann geschieht ein zweites Wunder. Vielleicht sogar ein noch größeres. Denn wir verleben eine großartige Stunde Wartezeit. In Augsburg. Auch sie hat ihren Anschlusszug verpasst, weil mein brennender Zug alles blockiert hat. Wir tauschen Verspätungsgeschichten aus, dann andere Geschichten und haben richtig Spaß. Wer hätte das vermutet? Dass man einfach so eine großartige Stunde Zeit verbringen würde. In Augsburg. Am Stehtisch. Ohne Aufwand. Ohne Planung. Ohne Erwartung. Die beste Stunde der Woche wartet am Bahnhof in Augsburg am Stehtisch. Und ich hätte nie davon erfahren, wenn wir nicht mal außerplanmäßig zum Stehen gekommen wären.

Hundert Tage im Quark – als die Welt coronastill stand

MÄRZ 2020

Beim ersten Hören hielt ich den Begriff «Coronavirus» für eine Wendung aus der Jugendsprache. Die jemanden bezeichnet, der zu viel von diesem mexikanischen Bier getrunken hat. So wie man früher von einer Schultheiss-Grippe, der Kölsch-Influenza oder dem Radeberger-Katarrh gesprochen hat. Daran, dass ich das da noch lustig fand, erkennt man, wie viel seither geschehen ist.

* * *

Der Drogeriemarkt ist drei Stunden vor Ladenschluss ziemlich ausgeräubert. Ein junges Paar betrachtet ratlos die leeren Toilettenpapierregale.

«Was machen wir denn jetzt?», fragt sie.

«Weiß nicht», antwortet er.

Kurze Zeit später sehe ich sie lange und nachdenklich vor den Servietten stehen. Es sind leider nur noch die Kindergeburtstagsmotive übrig. Sie ringen mit sich.

* * *

Die Kanzlerin hat gesagt: Es ist ernst, also nehmen Sie es auch ernst. Überlege spontan, wie man drauf sein muss, um das, was gerade geschieht, nicht ernst zu nehmen. Außerdem sollen wir Ruhe bewahren und keine Hamster kaufen. Klar. Doch manchmal passiert es unbewusst. Gestern habe ich zu Hause meinen Rucksack ausgepackt und zu meiner eigenen großen Überraschung festgestellt, dass ich offensichtlich sechs Packungen Flüssigseife gekauft habe. Die Familie war entsetzt.

«Was machst du denn? Sechs Packungen Flüssigseife? Hat dich jemand dabei gesehen?»

Ich versuchte, sie zu beruhigen.

«Nein, nein! Macht euch keine Gedanken. Ich habe alles in unterschiedlichen Geschäften gekauft. Niemand wird Verdacht schöpfen.»

«Na gut. Aber trotzdem. Was sollen wir denn mit so viel Flüssigseife?»

«Weiß nicht. Aber vielleicht können wir sie, wenn es noch ernster wird, gegen Zigaretten tauschen …»

* * *

In Leipzig haste ich zum Bahnhof, um noch auf den allerletzten Drücker meinen Zug zu bekommen. Schaffe es gerade so. Also eigentlich, denn als ich keuchend am Gleis stehe, muss ich feststellen, dass er ersatzlos gestrichen wurde. Frage einen Bahnmitarbeiter:

«Oje, ist das wegen Corona?»

Er schaut mich sehr freundlich und traurig an. Erklärt jedoch emotionslos:

«Nein, nein, das ist einfach ganz normal wegen Bahn.»

Hat mich irgendwie beruhigt. Wenigstens ist nicht die ganze Welt aus den Fugen.

* * *

Die Tagespresse in Österreich meldet: Ungleichheit durch Corona-Krise immer größer. Nur ein Prozent der Bevölkerung besitzt mittlerweile neunzig Prozent des Klopapiers.

* * *

Treffe im Supermarkt das Paar von neulich aus der Drogerie wieder. Hier stehen sie ratlos vor den leeren Konservenregalen. Er trägt unter dem Arm einen großen Beutel mit Kindergeburtstagspapierservietten. Es gibt nur noch einige Dosen mit hellgrauen Königsberger Klopsen auf dem Verpackungsfoto.

Er: «Das sieht jetzt aber wirklich supereklig aus.»

Sie: «Ja gut, aber wenn du richtig Hunger hast ...»

Er: «Genau, dann gucke ich einfach dieses Bild an, und dann geht es wieder.»

Sie nehmen eine Dose.

In den Regalen der Märkte erkennt man jetzt tatsächlich mal die echten Loser-Lebensmittel. Die, die selbst in Corona-Zeiten keiner will. Auch interessant.

* * *

In China verpflichten sie nun angeblich Bürger, eine Corona-Kontroll-App zu installieren, die man sich im Prinzip wie eine virtuelle elektronische Fußfessel vorstellen muss. Mit der können dann Ausgangs- oder Regionalsperren überwacht werden. Als die Familie davon hörte, regte sie an, sich einen Hund anzuschaffen. Dann dürften wir auch im Falle einer Ausgangssperre noch zweimal täglich raus. Ich gab zu bedenken, dass wir dann aber auch einen Esser mehr hätten und das Einzige, was wir im richtig großen Stil vorrätig hätten, Flüssigseife sei.

Die Familie meinte, wenn wir einen Hund hätten, müssten wir natürlich ganz anders vorsorgen. Das gab mir zu denken. Wenn ich ein Hund wäre, dürfte ich also trotz Ausgangssperre raus und mir viel größere Vorräte anlegen? Welche Vorteile könnte es noch haben, ein Hund zu sein? Wie schwierig wäre es wohl, behördlicherseits als Hund anerkannt zu werden?

* * *

Ungefähr fünfzigtausend Humorfacharbeiter und -facharbeiterinnen laden gerade Heimvideos ins Netz, weil sie denken, die Menschen haben ja im Moment nichts anderes zu tun, als zu gucken, was irgendwer ins Netz hochlädt. Alle fünfzigtausend Humorfacharbeiter und -facharbeiterinnen haben dasselbe Thema und leider auch nur die gleichen fünf Witze zur Verfügung, die sie unterschiedlich charmant variieren. Wohl noch nie war das, was es zum Lachen gibt, so traurig wie jetzt. Als würden fünfzigtausend Meisterköche und -köchinnen ein unvergleichliches, ganz besonderes Dreisternemenü zaubern wollen. Mit nichts als lauwarmem Wasser und dem jeweils gleichen Teebeutel.

* * *

Das Einwohnermeldeamt lehnt meinen Antrag, mich für die Zeit der Corona-Maßnahmen als Familienhund registrieren zu lassen, ab. Wenn sie das bei mir genehmigen würden, könnte dann ja jeder kommen. Im Übrigen seien sie aber auch gar nicht zuständig. Glauben sie zumindest. Auf Nachfrage stellt sich heraus, dass sie auch nicht dafür zuständig sind herauszufinden, wer zuständig ist. Überhaupt ist, wie sich zeigt, für die Ermittlung der Zuständigkeit niemand zuständig, weshalb ich aus Mangel an Zuständigkeit von irgendwem für irgendwas keinen weiteren Antrag stellen kann. Finde es dennoch schön, dass das mal geklärt wurde.

* * *

Im Park beim Joggen bellt ein telefonierender, offensichtlich zum Homeoffice verdonnerter Mann in sein Headset: «Ich kann nicht arbeiten, wenn die Familie dabei zuguckt! Ständig gucken die einen an, mit einem Blick, als wollten sie sagen: ‹Wie? Mehr machst du nicht? Das ist deine ganze Arbeit? Und davon tust du immer so gestresst?› Habe schon drei völlig idiotische Projekte gestartet, nur um die Familie zu beeindrucken. Wenn ich nicht bald wieder ins Büro darf, ist die Firma in spätestens zwei Monaten pleite.»

* * *

In unserem Drogeriemarkt, in dem bis gestern ein Wachmann stand, stehen nun zwei. Beide wirken allerdings überhaupt nicht so, als hätten sie Interesse daran, einen Streit zu schlichten. Sie sind wahrscheinlich mehr für das gute Gefühl da. So ähnlich wie Versicherungen. Die hat man ja auch im Wesentlichen für das gute Gefühl, versichert zu sein, falls mal was passiert. Wenn dann allerdings wirklich mal was passiert, verschwindet dieses gute Gefühl meist sehr schnell. Da sich im Regelfall ziemlich zügig herausstellt, dass das jetzt mit dem Versicherungsschutz ja so einfach nun auch wieder nicht ist. Aber bis zum Eintreten eines Schadensfalles funktionieren die meisten Versicherungen wirklich ganz ausgezeichnet. Also im Hinblick auf das gute Gefühl, versichert zu sein.

Jedenfalls wurde ich zum ersten Mal Zeuge einer schon sehr aggressiven Auseinandersetzung zwischen zwei Männern im Geschäft. Auslöser war wohl die Annahme des einen, der andere sei zu dicht neben ihn getreten. Während die beiden Wachleute diese Situation beruhigen wollten, indem sie sich unauffällig verhielten, beobachteten wir Kunden fasziniert den heftigen Disput. Das Besondere: Obwohl die unbändige Wut aufeinander in ihren Gesichtern stand, waren die zwei Männer sehr darauf bedacht, den Mindestabstand einzuhalten und sich auf keinen Fall zu nahe zu kommen oder gar zu berühren. Es war eine Art kontaktlose Schlägerei.

Als ich zu Hause der Familie dies als einen positiven Effekt der Krise verkaufen wollte, also dass die Menschen sich aus Angst vor Ansteckung nicht mehr trauen, jemand anderem ins Gesicht zu schlagen, desillusionierte mich die Tochter sofort:

«Dann werden die eben Handschuhe anziehen.»

* * *

Beim Zahlen bin ich wieder dem Pärchen mit den Kindergeburtstagsservietten begegnet. Diesmal kauften sie unter anderem eine große Tube Wundsalbe. Vieles an dieser neuen Normalität ist noch ungewohnt.

Alles ist runtergefahren.
Das Land steht still.
Wir fliegen erst mal alle auf Sicht.
Also trudeln auf Sicht.
In dichtem Nebel.
Quasi blind auf Sicht.
Nach Gehör sozusagen.
Soll heißen, wir fliegen trudelnd auf Sicht, nach Gehör, zu Fuß.
In Richtung muss man mal sehen.
So kann man es sagen.

* * *

Habe endlich wieder angefangen, Fremdsprachen zu lernen. Oder, besser gesagt: zu üben. Mit Serien. Also ich gucke Serien, die ich schon gesehen habe, jetzt nochmal mit einer anderen Sprachspur. Das ist oft interessant und lehrreich zugleich.

Bei «Dark» beispielsweise, dieser etwas vertrackten deutschen Serie, habe ich im Original mehrfach den Faden verloren. Als ich es auf Türkisch geguckt habe, ergab aber plötzlich alles einen Sinn.

Manchmal ändere ich die Tonspur jedoch schon beim ersten Gucken. Früher, wenn mir etwas nicht gefallen hat, habe ich den Sender gewechselt. Heute wechsle ich die Sprache. Mir gefällt es.

* * *

Eine Freundin erzählt meiner Freundin am Telefon, dass ihr Mann jetzt wegen Corona die ganze Zeit zu Hause sei und sich leider rund um die Uhr im Haushalt nützlich machen möchte. Das, sagt sie, sei eine harte Probe für alle Familienmitglieder. Weil durch ihn jede Haushaltstätigkeit den Status eines Projekts bekomme, mit einer sehr langen Planungs- und Ankündigungsphase. Nach einem undurchschaubaren inneren Genehmigungsprozess verlaufe die Realisierung am Ende doch irgendwie im Sande. Wenn ihr Mann noch länger helfe, würde der dadurch entstehende zeitliche Mehraufwand wohl dazu führen, dass sie jemanden für den Haushalt einstellen müsse, um alles zu schaffen, meinte die Freundin.

In dem Planungsbüro, in dem ich mal gearbeitet habe, hing übrigens der schöne Satz an der Wand:

«Wenn wir uns alles, wozu wir nicht in der Lage sind, genehmigen lassen müssten, würden wir ja nie was nicht können.»

Ich finde, da steckt viel Weisheit drin.

* * *

Der Flughafen, heißt es, sei plötzlich fertig. Super. Genau jetzt, wo keiner fliegen darf. Die lassen echt nichts aus.

Ist das womöglich nur ein Trick? Also dass sie nun einfach behaupten, der Flughafen sei startbereit, weil es gerade keiner überprüfen kann? Falls ja, wäre dieser Trick das Erste bei unserem Flughafen, das funktioniert. Immerhin.

* * *

Plötzlich Frühling. Mitten in der Kontaktsperre. Jetzt wird es ernst. Nun wird sich zeigen, wer wirklich gut im Zuhausebleiben ist. Bei Regen und Kälte kann das ja jeder. Doch bei diesem Wetter ...

Bin mal rausgegangen, um zu gucken, wer es so alles nicht gepackt hat. Es waren viele, aber die im Großen und Ganzen erstaunlich diszipliniert. Auch in den Parks. Alle halten den Mindestabstand ein. Oder versuchen es zumindest aufrichtig. Nur wenn die großen Polizeiwannen zur Kontrolle durch die Grünanlage rollen, müssen die Spaziergänger manchmal kurz ein bisschen zusammenrücken, damit die Fahrzeuge durchkommen.

* * *

Die Supermarktkassiererin verblüfft mich, als sie mir unvermittelt mitteilt:

«Wenn die wenigstens Fußball spielen würden. Dann wüsste ich zumindest, was ich verpasse, wenn ich die ganze Zeit kein Fernsehen gucke.»

Da hat sie recht. Auch mir fehlen besonders die Dinge, die mich nicht interessieren.

* * *

Die Ostereinkäufe werden zur nationalen Bewährungsprobe. Alle sind aufgerufen, dann einzukaufen, wenn alle anderen nicht einkaufen.

Dazu gelten die bekannten Corona-Richtlinien. Lieber ein großer Einkauf als viele kleine. Haushaltsübliche Mengen. Nur ein Einkäufer pro Geschäft. Konkret heißt dies bei uns:

Wir mieten uns ein Auto, fahren zu viert zu einem zentralen Parkplatz und gehen dann zeitgleich in Supermarkt, Getränkehandel, Bioladen und Discounter. Jeder in ein Geschäft. Mit durchgehender Konferenzschaltung, damit nichts vergessen oder mehrfach erworben wird. Das Ganze fühlt sich an wie eine koordinierte Geheimagentenmission, was mir natürlich ausgezeichnet gefällt.

Irgendwie hat es sich dann allerdings ergeben, dass die anfänglich zufällige Verteilung der Geschäfte beibehalten wurde. Dies bedeutet, dass ich immer in den Discounter gehe, die Tochter hingegen jedes Mal in den Biomarkt. Da wir ja aber sonst praktisch keine sozialen Kontakte außerhalb der Wohnung mehr haben, lebt sie also in einer Bioladen-Welt und ich in einem Discounter-Universum.

Manchmal habe ich das Gefühl, sie hält sich deshalb mittlerweile insgeheim für etwas Besseres. Dies wird noch dadurch verstärkt, dass im Biomarkt vor allem Obst und Gemüse eingekauft, die ganzen Quarantäne-Süßigkeiten hingegen vornehmlich von mir beim Discounter eingesackt werden. Sie steht für gesunde Vitamine. Ich bin der Kalorienbomber. Das schlägt sich längst auch aufs Erscheinungsbild nieder. Während sie auch in der Krise auf ihr Äußeres achtet, habe ich irgendwann aufgehört, mich fürs Einkaufen umzuziehen. Eigentlich habe ich sogar ganz aufgehört, mich umzuziehen. Stattdessen werde ich jetzt oft auch für die Süßigkeiten, die andere essen, verantwortlich gemacht. Da ich sie ja in die Wohnung gebracht habe. Ich bin der schlechte Einfluss. Der gefallene Freund. The «failed mate».

* * *

Aus einem Online-Corona-Ratgeber erfahre ich, dass man sich im Homeoffice nicht zu leger kleiden soll. Da ein zu nachlässig oder gemütlich gewähltes Outfit durchaus Auswirkungen auf die Qualität der Arbeit und die Sorgfalt haben kann. Die Jogginghose im Kopf sozusagen.

* * *

Wir haben uns ein sehr großes Landschaftsgemälde angeschafft. Als Hintergrund für Videokonferenzen. Gemalt von einer befreundeten Künstlerin. Wenn man davorsitzt, sitzt man quasi im Kunstwerk und wird so praktisch selbst zur Kunst. Spüre, wie mein Status dadurch bei jeder Videokonferenz erheblich steigt. Wenn sich das rumspricht, ließe sich so vielleicht der kränkelnde Markt der Gegenwartskunst retten.

* * *

Es gibt wieder alles in allen Mengen in den Supermärkten. Nun wird Hamsterbilanz gezogen. Einige Zeitungen veröffentlichen Listen, welche unterschiedlichen Bevorratungsvorlieben in den einzelnen Ländern zu beobachten waren. In der Schweiz beispielsweise waren Pasta und Sahne besonders begehrt. Die verstehen eben zu leben. Wer Sahne hat, braucht keinen Likör. Oder wie meine Tante immer sagte: «Dass wir Sahne auf unsere Früchte tun, unterscheidet uns von den Tieren.»

Die Amerikaner kauften vor allem Waffen, wir Klopapier. Bringt das den Unterschied auf den Punkt? In Frankreich wurden in erster Linie Wein und Kondome gehamstert. Was ich einerseits für Angeberei halte und mich andrerseits zu der Frage veranlasst, ob den Franzosen denn nicht die einschlägigen Klischees auch irgendwann mal selbst zum Hals raushängen.

In Großbritannien hingegen soll das erste Produkt, das knapp geworden ist, Hundefutter gewesen sein. Was man entweder sehr anrührend oder sehr verstörend finden kann.

* * *

Eine der unterschätzten Corona-Folgen war bei mir ja, dass ich die letzten Wochen viel zu viel Kaffee getrunken habe. Da ich so die ganzen Wirte in meiner Umgebung unterstützen wollte. Indem ich möglichst häufig ihr Coffee-to-go-Angebot genutzt habe. Einem meiner Lieblingswirte ist das auch aufgefallen, weshalb er vor ein paar Tagen besorgt zu mir sagte:

«Du trinkst zu viel Kaffee. Das ist nicht gut für dich. Achte mehr auf deine Gesundheit, trink auch mal Bier oder Wein.»

Nur Wirte raten dir, was dir Wirte raten. Deswegen sind sie systemrelevant. Trotzdem bin ich froh, dass sie wieder mehr anbieten als Kaffee und Flaschenbier.

Ich fange schon an, in der Musterung der Bürgersteigplatten die Grammatik einer jahrtausendealten Zeichensprache zu erkennen. Bislang konnte ich aber daraus nur zwei Sätze entschlüsseln. Beide sind direkt vor meiner Haustür. Der erste lautet:

«Hast du den Herd ausgemacht?»

Der zweite Satz ist noch kryptischer, denn wenn ich mich nicht täusche, steht da:

«Es gibt keine jahrtausendealte Zeichensprache in der Musterung der Bürgersteigplatten, und hier steht auch kein Satz.»

Schon seltsam, aber solange ich über solche Dinge nachdenke, laufe ich zumindest nicht Gefahr, in den Sog abstruser Verschwörungstheorien zu geraten.

Mein wesentlicher Vorwurf an die Verschwörungstheorien ist ja nach wie vor, dass die allesamt viel zu schlampig ausgedacht sind. Wenn die Verschwörungstheoretiker doch nur einmal ein bisschen Geld in die Hand nehmen und vernünftige Autoren oder Autorinnen verpflichten würden. In manchen Bereichen wäre es so einfach, diese Welt ein bisschen besser zu machen. Aber vielleicht wollen die Verschwörungstheoretiker genau das ja auch gar nicht.

MAI 2020

In der Zeitung steht, wir hätten jetzt «Tag 50».

Tag 50 von was?

Wie bei so vielen Menschen ist auch mein Verhältnis zum Kalender mittlerweile eher so wie zum Alkohol. Ich brauche ihn nicht, aber ab und an hilft er mir schon.

Um mich zu erinnern.

Viele trinken, um zu vergessen. Ich trinke, um mich zu erinnern. An die Zeit, in der ich noch mehr und sorgloser getrunken habe.

Meine größte Sorge war teilweise sogar, dass ich zu viel trinken würde. Mir fehlen meine alten Sorgen manchmal sehr.

Wenn man mich heute fragen würde, was aus meinen Zwanzigern ich am meisten vermisse, würde ich sagen: «Die Sorgen, die ich damals hatte.»

* * *

Doch was sind schon meine Sorgen gegen andere Sorgen.

Ein Freund, der ein richtig großes Fest an diesem Wochenende absagen musste, tröstete sich gestern mit den Worten: «Na ja, zum Glück hätten wir wenigstens Pech mit dem Wetter gehabt.»

Eine Nachbarin, die unter einem heftigen Frühlingsschnupfen leidet, einer ständig laufenden Nase, meinte wörtlich: «Seit der Maskenpflicht in U-Bahn und Geschäften schmort mein Gesicht praktisch nur noch im eigenen Saft. Das ist wirklich die widerwärtigste Erfahrung, seit ich mich von Melonenbowle übergeben musste.»

Eine Bekannte meinte, in ihrer Firma gebe es Kollegen, die die Masken ablehnen, aber das Abstandsgebot durch ununterbrochenen Verzehr von Knoblauch und rohen Zwiebeln durchsetzen wollen. Sie fasste es mit dem schönen Satz zusammen: «Wenn die so weitermachen, furzen die mich noch in die Berufsunfähigkeit.»

Langsam wird diese Krise eklig.

* * *

Ein VW Tiguan hält vor dem Blumenladen Mehringdamm / Ecke Bergmannstraße, der Fahrer lässt die Scheibe runter und brüllt die ziemlich lange Warteschlange an:

«Ihr wisst aber schon, dass dieser Scheiß-Muttertag, den ihr da feiert, von den Nazis kommt, oder?»

Alle sind perplex. Außer einer älteren Dame, die nach kurzem Überlegen mit bemerkenswert tragender Stimme antwortet:

«Abgesehen davon, dass der Muttertag in den USA erfunden wurde, werde ich in dem Moment aufhören, ihn zu begehen, wo du aufhörst, die Autobahnen zu benutzen.»

Nachdem sich der Tiguan getrollt hat, vertraut sie sich uns an:

«Ich habe keine Ahnung vom Muttertag. Hab mich nur gewundert und gefreut, dass der Laden wieder aufhat. Ich bin nur wegen der Blumen hier. Außerdem macht es mir Spaß, böse zu den Blöden zu sein.»

* * *

Anlässlich des Tages der Befreiung musste ich an das Demenz-Pflegeheim denken, in dem mein Vater seine letzten Monate verbrachte. Dort gab es einen Mann, der mich immer mit «der Herr Major» ansprach. Das fand ich, offen gestanden, fast schmeichelhaft. Immerhin war ich für ihn ein Offizier. Das war ja schon was.

Allerdings hat er mir dann auch stets einen Lagebericht gegeben. Die Lage sei desaströs. Für einen Großteil der Patienten in diesem Hospital schloss er einen weiteren Dienst an der Waffe aus. Schlimmer noch:

«Vielen von ihnen werden wir leider nicht mehr helfen können.»

Diesen Satz wiederholte er wie einen Refrain und raunte mir quasi als Strophe zu:

«Einige von denen wissen gar nicht wirklich, wo sie hier sind. Die haben sich längst in eine völlige Phantasiewelt geflüchtet. Weil sie den Krieg nicht mehr aushalten können. Ich habe daher beschlossen, einfach ihr Spiel mitzuspielen und ihnen gegenüber die Lage an der Front gar nicht mehr zu erwähnen. Aus Barmherzigkeit.»

Das wäre eigentlich ziemlich lustig gewesen, hätte ich nicht von einer der Pflegerinnen erfahren, dass dieser Mann ungefähr jede zweite Nacht stundenlang um Hilfe schrie. «Sie werden eben wieder zu Kindern», meinte die resolute Frau. «Sie schlafen einfach nicht mehr durch.»

Die, die diese Barbarei erlebt und sogar überlebt haben, blieben eben doch oft ihr Leben lang Gefangene des Krieges. Täter wie Opfer.

Klar fühlt es sich vor diesem Hintergrund unwirklich an, heute von den Corona-Einschränkungen genervt zu sein. Insofern hätte es wahrscheinlich keinen besseren Zeitpunkt für diesen Feiertag geben können.

* * *

Andere Sorgen. Zum Beispiel Geisterspiele.

Wenn es nach meiner Nichte ginge, wären «umgekehrte Geisterspiele» noch viel toller. Als sie im Alter von fünf Jahren zum ersten Mal mit ihrer Mutter ins Stadion durfte, hat sie hinterher geurteilt: «Alles war total super. Außer dem Fußballspiel.» Das fand sie zu langweilig, zu doof und alles in allem eigentlich auch überflüssig. Vielleicht sollte man das nach Corona mal machen: ins leere Stadion gehen. Dort zwei Stunden lang nichts gucken. Dann Stadionwurst, zusammen singen und wieder nach Hause. Meiner Nichte würde es gefallen. Mir wahrscheinlich auch.

* * *

Im Demenz-Pflegeheim begrüßte mich die resolute Pflegerin immer mit einer Einordnung des Tages.

«Wir haben heute leider einen sehr schwierigen Tag.»

«Heute ist mal ein guter Tag.»

«Leider ist das ein sehr schlechter Tag heute.»

«Seien Sie vorsichtig. Wir haben wirklich keinen einfachen Tag.»

«Freuen Sie sich. Wir haben heute einen richtig guten Tag erwischt.»

«Ein schlimmer Tag. Einer der schlimmsten.»

Erst viele Monate nach der Beerdigung fiel mir auf, dass es nie einen normalen Tag gegeben hatte. In der gesamten Zeit, die mein Vater in diesem Heim verbracht hatte, kein einziger normaler Tag mehr.

Daran musste ich denken, als die Nachbarin, die gerade verzweifelt versuchte, ihr über neun Jahre mühsam aufgebautes Yoga-Studio irgendwie noch zu retten, zu mir sagte:

«Heute war eigentlich mal ein ganz guter Tag.»

* * *

Hatte heute einen windschiefen Tag. Dies merke ich daran, dass ich plötzlich im Netz ausgiebig tagespolitische Debattenbeiträge lese. Alle Psychologen sind sich ja einig, dass dies das Gemüt nicht sonniger macht.

Dennoch mache ich das manchmal, denn wenn ich nur Dinge täte, die mir guttun, hätte ich ein schlechtes Gewissen gegenüber den Menschen, die nicht nur Dinge tun können, die ihnen guttun. Wenn die das allerdings genauso machen würden, wüsste man wenigstens mal, warum eigentlich kaum jemand die Dinge tut, die ihm guttun.

Habe also in einem konservativen Leitmedium einen politischen Kommentar gelesen. Trotz besseren Wissens. Es ging um die Frage, ob der Staat seine Konjunkturankurbelungsgelder wirklich einsetzen sollte, um Menschen, die sich einen neuen S-Klasse-Mercedes kaufen, dabei finanziell unter die Arme zu greifen. Der Autor meinte, kurz zusammengefasst: Ja, das klinge erst mal befremdlich. Aber es sei trotzdem richtig. Denn wenn der Mercedes-S-Klasse-Fahrer sich einen neuen Mercedes-S-Klasse kaufe, helfe das in erster Linie nicht ihm (er hatte ja wahrscheinlich auch vorher schon ein gutes Auto), sondern uns allen. Nicht zuletzt auch aufgrund des Sickereffektes.

Abgesehen davon, dass ich nicht weiß, wie lange wie viel wovon versickern muss, damit von seinem Mercedes S-Klasse irgendwann bei mir womöglich ein VW Polo oder auch ein altes klappriges Damenrad ankommt, ist der «Sickereffekt» meines Erachtens das wohl halbseidenste aller politischen Dampfplaudererargumente. Quasi der Friedrich Merz der Debattenbeiträge.

Letztlich vertraut der Sickereffekt immer darauf, dass man Millionären eine neue Million gibt, zum Beispiel durch

Steuererleichterungen, damit die dann ihre alte Million, die sie ja dann nicht mehr brauchen, an weniger Wohlhabende weitergeben. Eigentlich eine total durchdachte und logische Überlegung. Warum es trotzdem nie funktioniert, weiß keiner. Wahrscheinlich weil die Flüchtlinge so viel kosten.

Morgen kehre ich wieder vor meiner eigenen Türe. Da sieht es auch schlimm aus.

* * *

Es ist auch die Zeit der zwiespältigen Komplimente.

«Die Maske steht dir wirklich gut», habe ich mittlerweile mehr als ein Mal gehört. Aber auch schon die Varianten:

«Durch die Maske bekommt dein Gesicht irgendwie etwas Besonderes.»

«Mit Maske merkt man mal, dass deine Augen ganz schön sind.»

«Du hast echt ein Maskengesicht.»

Leider war jeder dieser Sätze glaubhaft gut gemeint und damit natürlich zusätzlich niederschmetternd.

Zudem habe ich große Schwierigkeiten, andere unter ihrer Maske zu erkennen. Seit Wochen schon grüße ich praktisch täglich einen Mann in unserem Viertel, von dem ich keine Ahnung habe, wer er sein könnte. Er trägt immer seine Maske. So ein Spider-Man-Muster. Genau genommen grüße ich nur die Maske. Wahrscheinlich gibt es mehrere Spider-Männer in unserer Ecke, die ich alle für ein und denselben Menschen halte. Vermutlich hält man Spider-Man deshalb für einen Superhelden. Weil er ständig praktisch überall ist.

* * *

Eine Bekannte hat heute behauptet, Corona tue mir gut. Also körperlich. Ich hätte ja wohl abgenommen. Sie ist nicht die Erste, die das vermutet. Wie kommen die darauf? Ich habe während der Maßnahmen massiv zugenommen.

Was mich überlegen lässt: Als wie dick haben die mich eigentlich in ihrem persönlichen Archiv abgespeichert? Mein ganzes Leben lang halten mich die Menschen schon für dicker, als ich in Wirklichkeit bin. Warum? Und wieso kränkt mich das?

Na ja, sind eben andere Sorgen.

FLATTEN THE HORST

Dieses ganze Corona hat sich ja längst zu einer ziemlichen Belastungs- und Zerreißprobe entwickelt. Insbesondere für den Hosenbund. Die ganzen Kontaktsperrenkilos, Distanzringe, Lockdown-Wampen. Am Anfang haben wir ja diese Problematik total unterschätzt. Alle.

Also die exponentielle Zunahme von Körpergewicht. Zunächst wussten wir ja nicht mal, was exponentiell überhaupt wirklich bedeutet. Bis uns plötzlich jeder Supermarktkassierer, sogar jeder Talkshowmoderator exponentielles Wachstum erklären konnte. Da war die Furcht groß. Ich bemühte mich, die Problematik mittels statistischer Erfassung unter Kontrolle zu kriegen.

Selbstverständlich galt es erst mal, die Kurve der Bruttogewichtszunahme abzuflachen: «Flatten the Horst» war die Zauberformel. Die Zeiträume, innerhalb derer sich die Grammzahlen der Gewichtszunahme verdoppelten, sollten immer größer werden. Zehn bis vierzehn Tage waren die Zielmarke. Als dies erreicht war, konnte ich endlich die Reproduktionszahl R genauer beobachten, sie musste unter eins sinken. Also jedes neue Gramm Körpergewicht durfte nur noch ein weiteres Gramm Körpergewicht verursachen. Besser natürlich weniger als ein Gramm. Ideal wären R 0,2 oder 0,3 gewesen. Dann hätte ich den Gewichtszunahmevirus eventuell austrocknen und dadurch schon bald zu einem vergleichsweise normalen Leben zurückkehren können.

Zu der Zeit gab es auch Stimmen in meinem Körper, die gerne auf eine Strategie des Herdenübergewichts gesetzt hätten. Dies hätte bedeutet, dass man einfach siebzig bis achtzig Prozent der Gesamtbevölkerung durchübergewichtet. Wodurch die dann irgendwann so dick gewesen wären, dass mein Übergewicht in der Gesamtbevölkerungsmasse gar nicht mehr aufgefallen wäre. Doch diese Strategie war bald vom Tisch. Auch weil man nicht wusste, ob Übergewicht nicht doch auch für junge Menschen schwere Verläufe haben kann.

Stattdessen hoffen wir nun auf diese App, mit der man dann jede Neugewichtszunahme exakt zur Ursprungskalorie zurückverfolgen kann. Jeder Gewichtsveränderungsverlauf dokumentiert und anonym den zuständigen Körperorganen gemeldet wird. Sodass man eine Warnmeldung bekommt, wenn man Gefahr läuft, dicker zu werden.

Und dann kommt ja hoffentlich bald der Impfstoff. Bis dahin sollen wir den Mindestabstand zur Torte einhalten und uns mit Masken vor unnötigem Essen schützen.

Wie sagte doch Herr Spahn so treffend: «Am Ende von Corona werden wir uns alle viel verzeihen müssen.» Ich denke, auch jeder sich selbst. Man kann da gar nicht früh genug mit anfangen.

JUNI 2020

Überall Rabattaktionen, um die Wirtschaft wieder anzukurbeln. Die, wie ich finde, schönste kommt von einem meiner Lieblingsrestaurants. Auf einem Aufsteller vor dem Lokal steht groß: «20 Prozent auf alles außer Speisen und Getränke».

* * *

Die Kinder haben gestern mit einem Programm gespielt, das Menschen jünger machen kann. Also nicht in echt. So erfolgreich war das Homeschooling nun auch nicht. Nur am Computer. Man macht ein Foto von sich, und dann kann das Programm dir mal eben so zwanzig, dreißig Jahre aus dem Gesicht rausmorphen.

Das ist schon interessant. Aber auch erschreckend. Denn als mein dreißigjähriges Erscheinungsbild errechnet war, musste ich feststellen: So habe ich nie ausgesehen. Mit vierzig war ich mir ähnlich gewesen, mit zwanzig auch wieder. Doch den dreißigjährigen Horst hatte ich noch nie gesehen.

Die Kinder meinen, ein Irrtum des Programms sei quasi

ausgeschlossen. Somit muss ich davon ausgehen, dass das Leben mir meine dreißiger Jahre vorenthalten hat. Also zumindest vom Gesicht her. Da bin ich offensichtlich ein Frühentwickler. Also hatte schon mit Mitte zwanzig das Niveau eines Vierzigjährigen erreicht. Im Gesicht. Das erklärt im Rückblick nun doch so einiges.

Noch irritierender wurde es allerdings, als wir später rumgespielt und andere Dinge, wie zum Beispiel Obst, fotografiert und dann verjüngt haben. Denn ein etwas älterer, schon eher runzliger Apfel sah tatsächlich, nachdem wir ihn rund fünfzig Jahre verjüngt haben, ziemlich genau so aus wie ich heute.

Na ja, wenn ich wirklich hundert Jahre alt werden sollte, fände ich es in Ordnung, wie ein überlagerter Apfel auszusehen. Das wäre es mir wert.

* * *

Im Radio wird spekuliert, ob dieses Jahr «richtige» Ferien überhaupt möglich sein werden. Oder ob man das lieber lassen sollte.

Das erinnert mich an meinen Onkel, der ständig seiner Familie mit Urlaubsentzug gedroht hat. «Wenn das hier so weitergeht, machen wir dieses Jahr Ferien am Lecko Mio!», war sein Lieblingsspruch.

Seine Tochter hat daher tatsächlich lange gedacht, der Lecko Mio wäre ein See in Italien, wo es ganz doof ist. Halte das nach wie vor für nicht ausgeschlossen.

Ich selbst komme ja gebürtig gleichfalls aus einer Urlaubsregion. Vom Dümmer See. Allerdings muss ich zugeben, dass wir die Urlauber, die zum Urlauben dahin gekommen sind, immer etwas skeptisch betrachtet haben. Also insgeheim dachten: Wie verzweifelt muss jemand sein, der seinen Sommer freiwillig bei uns verbringt? Da sogar noch Geld für bezahlt. Solchen Leuten sollte man doch wohl eher mit Vorsicht begegnen.

Sind wir dann auch.

Einem Campingplatzbesitzer am See ist in einer Gemeinderatssitzung sogar mal der später viel zitierte Satz rausgerutscht: «Unser Zielpublikum hier sind ja die Leute, die kein Geld für richtige Ferien haben. Oder denen das zu weit ist.» Vor allem dieser zweite Satz, der wohl in dem Sinne gemeint war: «denen es zu weit ist, in richtige Ferien zu fahren», könnte nun an Relevanz gewinnen. Mir ist ja auch manchmal der Weg zum richtigen Sitzen zu weit, weshalb ich nach dem Heimkommen zeitweise sehr lange auf der Fußbank im Flur hocke. Kann auch sehr schön sein.

* * *

Habe heute große Teile des Tages damit verbracht, in der Stadt zu beobachten, wie die Menschen sich begrüßen und verabschieden. Dies ist ja mittlerweile sehr individuell und kreativ geworden, da man sich nicht zu nahe kommen darf. Erstaunlich oft sehe ich diese asiatische Verbeugung mit aneinandergelegten Händen. Wie beim Judo oder der Teezeremonie. Tatsächlich muss ich leider auch jedes Mal an Kung Fu Panda denken und rechne immer damit, dass es dann ja wohl gleich was in die Fresse gibt.

Nachdem die Zeit der Fuß- und Ellenbogenshakes wohl vorbei ist, sind offensichtlich auch einige dazu übergegangen, sich zur Begrüßung voneinander wegzudrehen und mit den Hintern zusammenzustoßen. Das ist zumindest lustig. Für Zuschauer und Po-Stupser gleichermaßen. Auch gibt es expressionistisches Winken oder kleine Tänze. Zweimal konnte ich beobachten, wie sich Menschen zum Hallosagen mehrfach auf den Kopf gehauen haben. Also jeder auf den eigenen. Das war seltsam. Doch das Eigenartigste, was ich beobachten konnte, war, wie sich zwei gegenseitig ihre Handys gezeigt haben, auf deren Bildschirmen dann GIFs von schüttelnden Händen liefen.

Noch schwieriger als das Begrüßen scheint allerdings das Tschüssagen. Es zeigt sich, dass eine Verabschiedung ohne Berührung oft irgendwie herzlos wirkt. Häufig sehe ich Menschen, die ratlos und bemüht lächelnd voreinanderstehen und dann einfach weggehen. Beide offensichtlich mit einem schlechten Gefühl. Das ist nicht schön. Daher plädiere ich für die Einführung von absolut virendichten Verabschiedungssäcken. Die man sich nur zum Umarmen schnell über den Kopf ziehen kann. Wenn man sowieso immer Maske und Desinfektionsspray dabeihaben muss, wäre so ein Begrüßungs- und Verabschiedungssack doch auch kein großes Zusatzgepäck.

* * *

Seit drei Monaten zum ersten Mal wieder im ICE. Muss ich feststellen: Er fährt. Er ist pünktlich. Er ist extrem sauber und fast leer.

Vielleicht ist ja doch was dran an der These, dass sich alle Probleme der Bahn von allein lösen würden, wenn sie nur darauf verzichteten, Fahrgäste zu befördern.

Habe fünf verschiedene Masken mitgenommen, um nach und nach herauszufinden, mit welcher man am besten schreiben kann. Nach nur einer Stunde Fahrt glaube ich schon ein recht belastbares Ergebnis ermittelt zu haben: mit keiner.

Verändert es die Geschichten, wenn man sie mit Atemschutz schreibt? Werden sie hygienischer? Klinischer? Kurzatmiger? Schlechtgelaunter? Müder? Neurotischer? Alles? Die sterile Gesellschaft. Das haben wir nun bekommen. Was wird das mit den Menschen machen? Und mit meinen Texten?

Ein Mitreisender sagt:

«Die Hoffnung ist ja, dass dieses Leben nur eine Momentaufnahme ist.»

Das allerdings ist, von einer universellen Warte aus betrachtet, keine Hoffnung, sondern eine Gewissheit. Und letztlich auch das Problem.

* * *

Gerade sagte jemand im Park: «Wenn mein heutiger Gemütszustand ein Obst wäre, wäre es ein Apfelgriebsch.» Ich wusste genau, was er meinte.

* * *

Susanne berichtet von einem Hochzeitskleid, das seit zwei Tagen in ihrer Bushaltestelle hängt. Mit dem Schild: «Zu verschenken».

Viele ordnen ihr Leben gerade neu.

Ich kannte mal eine junge Frau, die gerne im Hochzeitskleid ausgegangen ist. Das hatte sie billig auf einem Flohmarkt ergattert. Geheiratet hat sie darin niemanden, aber kennengelernt jede Menge Leute. Bis heute schwört sie darauf, dass es nichts Besseres gibt, wenn man oft angesprochen werden möchte. Eine etwas traurig schauende Frau im Hochzeitskleid, die allein unterwegs ist, interessiert jeden Mann. Und auch jede Frau.

Zudem kann man sich alle möglichen Geschichten ausdenken. Einer Frau mit Hochzeitskleid, diesem Unschuldsweiß, glaubt jeder alles. Tausend Gründe, warum sie in letzter Sekunde vor der Hochzeit geflohen ist, hat sie sich zusammengesponnen. Nicht geglaubt wurden nur:

– dass sie mit einem Huhn verheiratet werden sollte.

– dass sie ihr Hochzeitsboot auf der Spree zum Kentern gebracht und versehentlich die Familie des Bräutigams ertränkt hat.

– dass der Bräutigam die Hochzeit abgesagt hat, weil er erfahren hat, dass sie sich im Zeugenschutzprogramm befindet.

Alle anderen Räuberpistolen hat man ihr abgenommen. Egal, ob es Variationen von «habe einfach die Kirche nicht gefunden» waren oder Spielarten von «musste Sekunden vor der Trauung bemerken, dass mein Zukünftiger bereits eine andere Familie hat».

Ob sie das heute noch macht, weiß ich leider nicht. Also im Moment natürlich sicher nicht, da man ja gar nicht mehr ausgehen und Leuten dummes Zeug erzählen darf. Was schade ist.

Ich glaube, ich würde sehr gerne mal wieder am Wochenende fremde Menschen treffen, damit man sich zur gegenseitigen Unterhaltung anlügen kann.

* * *

Meine Cousine erzählt, ihr Sohn sei vor sechs Wochen zu Hause ausgezogen. Mitten in der Kontaktsperre, was ein Erlebnis war, von dem ich nicht erzähle, weil sich das ja jeder denken kann. Nun hat meine Cousine ihn zum ersten Mal in der neuen Stadt besucht. Und als gute Mutter ihn vorher gefragt, ob noch was fehle in der Wohnung. Woraufhin der Sohn wörtlich meinte:

«Nee, eigentlich nicht.»

Also brachte meine Cousine ihm nur frische Handtücher mit. Was bereits eine Lücke in der Wohnungsausstattung füllte. Zudem stellte sie fest, dass ihr Sohn, der, wie gesagt, seit sechs Wochen dort in Corona-Sperre lebt, nur eine Fritteuse besitzt. Also keinen Topf und keine Pfanne. Nichts. Nur eine Fritteuse. Und er hat «eigentlich nicht» das Gefühl, dass ihm was fehle.

Vielleicht ist unsere Generation in ihrem Ausstattungswahn auch einfach nur zu verwöhnt und anspruchsvoll.

* * *

Die neue Normalität hat begonnen. Nach und nach wird wieder geöffnet. Beneide die Menschen, die sich freuen, wieder zum Friseur gehen zu können, darum, dass sie sich freuen, wieder zum Friseur gehen zu können.

Oder gibt es bei Friseuren womöglich schon einen Service speziell für Glatzköpfe? Fischrestaurants haben ja auch immer ein ausgewähltes Menü für Menschen, die keinen Fisch mögen. Genauso wie Steakhäuser Gerichte für Vegetarier anbieten und Verlage Buchreihen für Nichtleser auflegen.

In jedem Fall ein weiteres erstaunliches Corona-Paradox. Wie ich Menschen um Dinge beneide, die ihnen fehlen. Weil es mir eben nicht fehlt. Und ich denke, mir fehlt etwas, wenn es mir nicht fehlt.

Der Freund der Tochter freut sich total, dass die Fitnessstudios wieder öffnen. Ich denke: Mein Leben ist ärmer, weil ich bei den Fitnessstudios vom Vermissen ausgeschlossen war.

Wenn ich mich für die Formel 1 interessieren würde, hätte ich die Möglichkeit, darunter zu leiden, dass die im Moment nicht stattfindet. Ich könnte traurig sein, dass Vettel Ferrari verlässt. Vielleicht hätte diese Trauer etwas Anmutiges, wenn nicht Edles. So aber denke ich nur: Warum weiß ich überhaupt so einen Blödsinn? Ist mein Gedächtnis wirklich immer noch so proper unterwegs, dass es sich den Luxus leisten kann, für so einen Quark Speicherplatz zu verplempern? Für den Kram hätte ich mir auch etwas merken können, was ich jetzt vergessen habe. Glaube ich zumindest. Ich erinnere mich ja nicht daran, was ich vergessen habe. Manchmal, wenn ich ewig darüber nachdenke, was ich vergessen habe, fällt es mir doch wieder ein. Dann wünsche ich mir oft die Zeit zurück, in der ich es vergessen hatte.

«Frei wäre, wer entscheiden könnte, woran er sich erinnert und woran nicht.»
(Die Pflegerin im Heim)

* * *

Große Aufregung vor dem Gerüst gegenüber. Der Gutachter hat wohl festgestellt, dass an dem Haus keinerlei Sanierungsarbeiten notwendig sind. Allerdings musste er bei dem Gerüst eine erhebliche Baufälligkeit monieren. Aus verschiedenen Gründen ist ein Abbau im Moment jedoch nicht möglich. Daher wird nun ein Gerüst vor dem Gerüst errichtet, um dasselbe wieder instand zu setzen.

Vielleicht gelingt es ja doch. Ohne Wahnsinn keine Normalität. Wir sind auf dem Weg.

★ ★ ★

Ein Gesellschaftspsychologe wurde im Radio gefragt, wo er unsere Gesellschaft in einem Jahr nach Corona sähe. Tatsächlich war seine Antwort aufs Wort identisch mit der meinen, die ich 1986 im Landkreis Diepholz in unserer Abiturzeitung gegeben habe. Auf die Frage, wo ich mich in zwanzig Jahren sähe:

«Woanders.»

Kalte Füße

Freitagnachmittag. Sitze im Café und denke nach. Kann mich nicht gut konzentrieren, weil meine Füße so kalt sind. Hätte wegen des plötzlichen Novemberkälteeinbruchs gerne meine warmen Winterschuhe angezogen. Aber die sind verschollen. Weiß auch nicht, wieso. Also gut, ein bisschen weiß ich es schon. Es hat vermutlich mit diesem Tag im Mai zu tun.

Dem Tag, an dem ich wegen der völlig überfüllten, zugemüllten Garderobe im Flur den Rappel bekommen habe. Weshalb die ganzen Wintersachen mal ordentlich verräumt wurden. Von mir! Aber so was von verräumt. In viele verschiedene Ecken wegverräumt. Überall hin, wo Platz war. Und auch dahin, wo kein Platz war. Ganz egal. Der große Verräume-Tag! An dem der große Verräumer verräumt hat. Wie im Rausch verräumt. Was ein Ereignis war. Wo die Familie dann auch ein wenig verängstigt schien. Einige gar besorgt meinten, ich solle mir mal lieber aufschreiben, wo ich das jetzt alles so hin- und wegverstaut hätte. Damit ich nicht im Herbst plötzlich blöd dastünde.

Was ich ziemlich lächerlich fand. Zu Recht. Als wenn man von Mai bis Oktober vergessen könnte, wo man die ganzen Wintersachen hingeräumt hat. Für wie tüdelig halten die mich eigentlich? Was für eine Unverschämtheit! Quasi albern, objektiv gesehen. Was ich der Familie dann auch sehr deutlich mit einigen eventuell leicht ins Überhebliche lappenden Sprüchen gesagt habe. Sprüchen, die ich natürlich längst vergessen habe. Wie so vieles.

Die Familie allerdings hat sie offensichtlich nicht vergessen. Was sie mir nun auch von Zeit zu Zeit mitteilen. In ironisierter neunmalkluger Manier. Familie naseweis. Der treffsichere routinierte Spott aus Kurzdistanz. Ich kenne ihn aus Sätzen wie: «Dass du studierter Geisteswissenschaftler bist, merkt man so richtig ja auch nur, wenn du dich handwerklich betätigst.» Das können wir zu Hause alle sehr, sehr gut. Weshalb ich nun, da ein Großteil meiner Wintersachen jetzt doch irgendwie quasi unauffindbar ist, diese nur äußerst unauffällig in der Wohnung suchen kann. Eben heimlich, mit geschickten sprachlichen Ablenkungen wie: «Oh, wie sieht das hier denn aus? Was ist denn in dieser Kommode wieder alles für Zeug drin? Lass mal sehen! Oho!»

Was aber bislang auch nur wenig erfolgreich war. Daher sitze ich nun im Café und überlege mal mit etwas Abstand, wo die Sachen sein könnten.

Bemerke, wie eine Dame vom Nachbartisch mich sehr lange sehr angestrengt anschaut. Bis sie sich schließlich ein Herz fasst, auf mich zukommt und einen wirklich erstaunlichen Satz sagt:

«Entschuldigung, aber müsste ich Sie kennen?»

Na toll! Was soll man auf so was sagen? Als wenn ich mich das nicht selbst auch schon jeden Morgen fragen würde. Da mir wegen meiner kalten Füße nichts Schlagfertiges einfällt, antworte ich so aufrichtig ich kann:

«Nein.»

Dies gerät mir allerdings schroffer als beabsichtigt, wie ich an ihrem enttäuschten, leicht erschrockenen Gesicht bemerke. Daher, also um meiner Replik etwas das Karge, Abweisende zu nehmen, füge ich dann doch noch freundlich lächelnd hinzu:

«Beziehungsweise, es sei denn, Sie interessieren sich für Ballett.»

Nun zieht sie die Augenbrauen hoch.

«Wie, was? Sie wollen Balletttänzer sein?»

Denke: guck an, und schon kann ich ganz einfach wahrheitsgemäß antworten. Beschließe, mir einen Kindheitstraum zu erfüllen, und sage:

«Ja, das will ich! Balletttänzer sein.»

Mache dazu mein bestes Nurejew-Gesicht. Sie bleibt skeptisch.

«Na, ich weiß ja nicht, also wie ein Tänzer sehen Sie mir nun nicht gerade aus. Und schon gar nicht Ballett.»

Stelle leicht überrascht fest, dass mich das kränkt. Weshalb ich zu meiner eigenen Verwunderung direkt in den Primaballerina-Modus wechsle:

«Ja, natürlich nicht. Warum sollte ich jetzt auch so aussehen? Schließlich bin ich doch völlig privat hier. Inkognito sozusagen. Angelina Jolie sieht ungeschminkt schließlich auch nicht wie Angelina Jolie aus. Denken Sie doch mal nach.»

Das ist eigentlich genau genommen schon mehr Argument, als ich von mir erwartet hätte. Beeindruckt die Frau allerdings weniger als erhofft.

«Ja, wennschon. Geschminkt hin oder her. Sie sind doch wohl viel zu dick fürs Ballett.»

Ui. Ich finde, das hätte sie jetzt wirklich nicht sagen müssen. Gut, wenn Argumente nicht funktionieren, Trotz und Patzigkeit kann ich auch:

«Das haben Sie nicht zu entscheiden. Ich bin jedenfalls ein großer Ballettstar!»

Sie lacht:

«Ach du dicker Schwan!»

Damit macht sie es jedoch nicht besser. Lasse zur Strafe meinem Stammhirn freie Hand und erlaube ihm, ungefiltert aus mir rauszureden:

«Ja, lachen Sie nur. Aber das genau ist ja mein großer Vorteil. Eben gerade weil ich ein bisschen fülliger bin, bin ich doch so ein weltweit begehrter Ballettstar.»

«Bitte?»

Ich hole kurz Luft.

«Wenn Sie professioneller Balletttänzer sind, müssen Sie jeden Tag acht bis neun Stunden trainieren, proben und so. Minimum! Das ganze Programm, also eben all diese Sachen, die wir Balletttänzer halt tagsüber so machen. Wissen Sie ja selbst! Jeder normale Mensch wird dadurch natürlich total schlank, durchtrainiert, sportlich, muskulös, pipapo. Kann man gar nichts gegen machen. Und genau deshalb ist es im Ballettgeschäft eben auch so wahnsinnig schwer, Tänzer für die dicken Rollen zu finden. Weil es in diesem Beruf nahezu unmöglich ist, dick zu sein. Normalerweise. Eben wegen des ganzen Drumherums, verstehen Sie? Außer ein paar wenigen Menschen, die das außergewöhnliche Talent haben, trotz der endlosen Tanzerei immer noch so auszusehen wie ich. Ha!»

Sie wird nachdenklich, tut aber unbeeindruckt.

«Ach, was reden Sie denn da. Es gibt gar keine Rollen für Dicke beim Ballett.»

Doch das verunsichert mein Stammhirn jetzt offensichtlich nicht mehr. Fröhlich parliert es weiter vor sich hin:

«Nananana. Was ist denn mit der Brummkreisel-Suite? Und wer tanzt wohl in Tschaikowskys ‹Nussknacker› die Walnüsse? Na? Na? Na?»

Als sie nicht antwortet, bemerke ich, wie still es im Café geworden ist. Alle anderen Gespräche sind verstummt. Sämtliche Gäste starren uns an. Wie lange wohl schon? Alles, was man hört, ist die leise Musik, die vom Tresen kommt. Irritierenderweise die Ouvertüre von «Schwanensee». Der Barista ruft:

«Also, diese Brummkreisel-Suite würde mich ja schon mal interessieren. Ob Sie uns ein paar Schritte zeigen? Nur, dass man mal so 'n Eindruck hat?»

Alle sind gespannt. Auch ich. Doch noch bevor ich in die Attitude croisée gehen kann, sagt die Frau plötzlich sehr langsam, sehr deutlich in die Stille hinein:

«Genau! Jetzt weiß ich wieder, woher ich Sie kenne. Sie! Sie! Sie sind doch der Kunde, der im Mai bei uns in der Schusterwerkstatt seine Winterschuhe abgegeben und bis heute nicht abgeholt hat! Seit Monaten stehen die da blöde rum! Sie sind das!»

Na bravo, denke ich. Das hätte ihr aber auch mal etwas früher einfallen können.

Mein Leben in dreizehn Berufen:
Vorleser und Ableser (2020)

Letzten Dienstag hatte ich einen Termin, für den ich um 6 Uhr aus dem Haus musste. Was tatsächlich eine Art Termin ist, mit der ich manchmal vor mir selber angebe. Da ich weiß, wie mich das beeindruckt, wenn ich mir von solchen Terminen erzähle.

Der Wasseruhr-Ableser hatte sich angekündigt. Aber nicht für die Wohnung, sondern für den Schrebergarten einer Freundin, den ich von Zeit zu Zeit auch gerne mal nutzen darf. Da diese grüne Oase im äußeren Außenbezirk liegt, der Ableser sein Kommen jedoch in bewährter Sorglosigkeit für die Zeit zwischen 8 und 13 Uhr anberaumt hatte, musste ich also um sechs Uhr los. Nicht weil ich zwei Stunden für den Weg bräuchte, sondern weil ich, wenn ich spätestens um sieben zu gehen habe, absichtlich denke, dass ich um sechse losmuss, damit ich es dann auch um sieben schaffe. Ich kenne mich nun schon seit einigen Jahrzehnten und weiß, was ich von mir zu halten habe.

Daher war ich pünktlich. Der Ableser auch, was bei einer Fünf-Stunden-Spanne allerdings auch nicht so die Leistung ist. Ich sag mal: So kann ich auch pünktlich sein. Vielleicht kann ich von ihm lernen.

«Ich komme dann Mittwoch zwischen 10 und 15 Uhr zum Mundöffnen vorbei. Bitte stellen Sie sicher, dass ich während dieser Zeit freien Zugang zu Ihrer Praxis habe und ein Zahnarzt zugegen ist.» Ob ich bei meiner Zahnarztgemeinschaftspraxis auch einfach mal so einen Zettel einwerfen sollte?

Oder besser noch beim Hautarzt? Da kriegt man sonst so schlecht einen Termin.

Womöglich fragt sich nun mancher, warum ich den Zählerstand nicht einfach selbst abgelesen habe. Weil diese Wasseruhr sich leider in einem Gully befindet, am Ende eines Schachts. Der Zugang zu dieser Röhre liegt im Schrebergarten der Freundin und lässt sich nur mit einem speziellen Schlüssel öffnen. Da es nach erschütternd weitverbreiteter Auffassung in meinem Falle angeblich egal ist, wo ich das, was ich tagsüber zu machen habe, nicht mache, bin ich beauftragt worden, dem Ableser das Tor zum Gully aufzusperren.

Irritierenderweise kannte mich der Ableser als Vorleser. Er hat sich darüber total gefreut und meinte: «Lustig, da leben wir ja beide praktisch vom Ablesen.»

Dann hat er gefragt, ob er ein Autogramm haben kann, weil ihm seine Frau das sonst nicht glaubt. Ich habe gesagt: «Klar, wenn Sie mir dafür die Wasseruhr signieren.»

Was er dann auch gemacht hat.

Er fürchtete aber, dass ihm seine Frau auch das nicht abnehmen würde, weshalb ich ihm versprach, von dieser Begebenheit im nächsten Buch zu erzählen, damit sie es dort nachlesen kann.

Dies sei hier nur erwähnt, falls gerade jemand rätselt, warum ich eigentlich so eine private, alltägliche Geschichte in das Buch aufgenommen habe. Weil die Frau es sonst nicht glaubt.

Ich denke, eine bessere Begründung hatte ich noch nie für einen Text.

Der Märchenweihnachtsmarkt von Kassel

Vor dem Märchenweihnachtsmarkt von Kassel steht ein Mann und verteilt Zettel mit Weihnachtsliedern. Als ich ein Blatt nehme, spricht er mich an und verkündet zu meiner Überraschung: «Eher krepier ich, als dass ich den Weihnachtsmarkt Wintermarkt nenne.»

Wider besseres Wissen nehme ich seinen Satz ernst und weise ihn darauf hin, dass auf allen, wirklich allen Plakaten, Ankündigungen und Transparenten rundherum «Weihnachtsmarkt» stehe. Offensichtlich habe hier niemand die Absicht, einen «Wintermarkt» zu errichten.

«Eben», jubelt er, «da kann man mal sehen, wie weit es schon gekommen ist!»

Er scheint auf irritierende Weise zufrieden mit seinem Argument und schaut mich triumphierend an.

Obwohl ich ahne, dass ich es bereuen werde, frage ich nach.

«Wie weit ist was gekommen?»

«Na, das. Wie weit das gekommen ist.»

«Welches das?»

«Na, das das.»

«Das das?»

«Ja! Dass das das so weit gekommen ist.»

«Dass das was?»

«So weit gekommen ist. Das das. Also das, dass das das soweit gekommen ist. Das ist was.»

«Was ist was?»

«Das das. Dass das das, was ist, ist was!»

«Das was?»

«Dass das das, das das das ist, ist was, was das, das was das das ist.»

«Moment!» rufe ich. «In Ihrem letzten Satz hatten Sie jetzt aber mindestens ein ‹das› zu viel. So ergibt der doch gar keinen Sinn.»

«Sind Sie sicher?»

«Würde ich es sonst sagen?»

«Das weiß ich nicht.»

«Na, da sind wir uns dann ja also einig.»

Er wird nachdenklich. Denke, allein für diesen Dialog hat sich die ganze Fahrt nach Kassel eigentlich schon gelohnt. Aber er berappelt sich nochmal.

«Sie haben das eigentliche Problem immer noch nicht begriffen.»

«Habe ich nicht?»

«Nein, haben Sie nicht. Soll ich Ihnen die Wahrheit verraten?»

«Würden Sie mir die Wahrheit nicht verraten, wenn ich Sie darum bitte?»

«Sie hören mir nicht richtig zu.»

«Ich weiß.»

«Also, das eigentliche Problem ist: Diese Umbenennungen der Weihnachtsmärkte werden mittlerweile ganz still und heimlich in irgendwelchen Hinterzimmern ausgekungelt, und der Bevölkerung wird gar nichts davon gesagt. Das ist die Wahrheit, über die niemand zu sprechen wagt.»

Nun staune ich doch.

«Sie meinen, dieser und andere Weihnachtsmärkte wurden heimlich in Wintermärkte umbenannt, aber um die ehrlichen deutschen Besucher zu täuschen, schreibt man trotzdem einfach weiter überall Weihnachtsmarkt hin, damit niemand merkt, dass das hier alles längst unterwandert und fremdgesteuert ist?»

Er streckt betend die Hände zum Himmel.

«Halleluja, jetzt hat er es doch noch begriffen! Manche brauchen eben einfach etwas länger. Aber jetzt haben Sie die Perfidie kapiert. Erst werfen sie unsere kulturelle Identität einfach so über Bord. Ohne Not. Doch als wäre das nicht schon schlimm genug, halten sie es dann auch noch geheim und sagen dem Volk nichts davon. Das ist doch der eigentliche Skandal.»

Ich nicke. Aus Selbstschutz.

«Na, das ist ja wirklich mal ein starkes Stück. Ich habe da überhaupt nichts von mitbekommen. Aber kann man denn da gar nichts machen?»

«Na ja.» Er überlegt kurz, beugt sich vorsichtig vor und raunt verschwörerisch: «Eine Möglichkeit gäbe es.» Seine Stimme wird nun noch leiser. «Also, wenn es uns zumindest erst einmal gelingen würde, sie dazu zu bringen, diesen Weihnachtsmarkt in Wintermarkt umzubenennen. Das wäre ein Schritt in die richtige Richtung.»

«Denken Sie?»

«Doch. Wir haben das in unserer Gruppe mal besprochen, und alle glauben, dass es unserem Protest gegen die Umbenennung wahrscheinlich sehr hülfe, wenn überhaupt erst einmal eine Umbenennung stattfinden würde.»

«Hm. Klingt verrückt, aber irgendwie auch logisch.»

«Sehen Sie. So ist es immer mit der Wahrheit.»

Er hält mir eine Unterschriftenliste für die Umbenennung des Weihnachtsmarktes in Wintermarkt hin. Ich schaue genauer drauf.

«Sehe ich das richtig, dass ich damit auch ein Zeitschriftenabo abschließen würde?»

«Falsch.» Er winkt ab. «Sie schließen nur ein Zeitschriftenabo ab. Aber Sie finanzieren damit direkt den Protest.»

«Wie das?»

«Ich bin der Protest.»

«Hätten Sie das mit dem Abo nicht gleich sagen sollen?»

«Ach, wenn ich das direkt sage, werde ich die Abos ja nie los. Irgendwie muss man die Leute heutzutage doch dazu bringen, dass sie einem den Scheiß abkaufen. Und im Moment funktioniert jetzt halt diese Masche am besten. Was will man machen? Wissen Sie ja selbst.»

Möhren und Zucchini – wenn möglich bio

Eine Freundin beschwert sich, ich hätte ihr eine Einkaufs-liste per Whatsapp geschickt. Schaue nach und stelle fest: Sie hat recht. Da sie so ähnlich wie meine Tochter heißt, bin ich offensichtlich in der Zeile verrutscht und habe ihr ver-sehentlich den abfotografierten handschriftlichen Zettel mit Dingen gesendet, die das Kind auf dem Heimweg besorgen sollte.

Entschuldige mich. Sie meint, es sei kein Problem, sie habe sich nur gewundert, warum ich so viele Süßigkeiten kaufen lasse.

«Wegen Halloween!», lüge ich.

«Halloween ist fünf Wochen her», schlaumeiert sie.

Obwohl das auf den ersten Blick ein ziemlich gutes Ar-gument ist, versuche ich, mir dennoch nichts anmerken zu lassen.

«Ja, stimmt. Wenn man jetzt streng nach dem Kalender geht, ist das korrekt. Andererseits kommen im Moment aber auch wieder gehäuft Leute von Telefongesellschaften und Stromanbietern an die Tür. Da hat es sich total bewährt, denen direkt ‹Süßes oder Saures?› ins Gesicht zu schreien, ihnen ein paar Süßigkeiten in die Hand zu drücken und sie für ihre gruselige Verkleidung zu loben. Das geht am schnells-ten, und im Regelfall klingeln die dann nie wieder.»

Die Freundin lacht.

«Ist ja auch egal, ich rufe ohnehin nur an, weil mir auch ein Missgeschick unterlaufen ist. Als ich nämlich die Lese-vorschläge für meine Literaturgruppe rumschicken wollte, habe ich versehentlich deinen Einkaufszettel an alle Mitglieder weitergeleitet.»

«Wie viele Mitglieder hat denn eure Literaturgruppe?»

«Aktuell zweiundzwanzig. Und ein paar haben wohl auch schon das Buch ‹Möhren und Zucchini – wenn möglich bio› zu bestellen versucht.»

«So ein Buch gibt es?»

«Bislang eigentlich nicht. Aber aufgrund der vielen Kundenanfragen soll Amazon wohl schon nach jemandem suchen, der jetzt so ein Buch schreibt.»

«Wegen zwei, drei Anfragen aus eurer Literaturgruppe?»

«Nicht ganz. Paul hatte keine Zeit, sich darum zu kümmern, und hat deshalb seine Tochter gebeten, das Buch für ihn zu bestellen. Die jedoch brauchte gerade irgendwas mit etwas Anspruch, was sie in ihrem kleinen Youtube-Kanal empfehlen konnte. Und weil ihr nichts anderes einfiel, hat sie da einfach das Buch genommen, das ihr Vater aktuell in seiner Literaturgruppe liest. Also: ‹Möhren und Zucchini – wenn möglich bio›.»

«Wie viele Abonnenten hat Pauls Tochter denn?»

«Gar nicht so viele. Knapp zweihundert, glaube ich. Aber darunter ist auch eine schon erfolgreichere Influencerin mit über tausend Followern, die den Titel irgendwie toll fand. Weshalb sie das Ganze geteilt hat, wodurch es bei einer noch bekannteren Youtuberin landete, die es wieder empfahl, woraufhin es zu noch berühmteren Leuten kam, die es wieder und wieder verbreiteten, bis es schließlich bei den ganz großen Stars gelandet ist. Offensichtlich hat das Ganze nun wohl mehrere Millionen Aufrufe oder so.»

Noch ehe wir beide darüber herzlich lachen können, bekomme ich eine SMS von meinem Verlag. Es habe sich da etwas ergeben. Ob ich nicht vielleicht Interesse an dem zur Zeit extrem nachgefragten Buchtitel «Möhren und Zucchini – wenn möglich bio» habe. Ich müsste das Manuskript dann allerdings sehr, sehr schnell abgeben, da man das Buch bereits bestellen könne.

Denke, das ist ja super. Dann werde ich das Buch einfach bestellen. Es, sobald ich es habe, abschreiben und später das Ganze als Manuskript an den Verlag schicken. Was kann schon schiefgehen?

«Das wird so nicht funktionieren», meint die Tochter, als ich ihr von meinem Plan erzähle.

«Schon klar», antworte ich, «trotzdem brauche ich bis Ende der Woche einen Titel für mein Buch.»

«Worum wird es denn gehen?»

«Unter anderem um das Gerüst von gegenüber.»

«Die Geschichte mit dem Gerüst vor dem Gerüst? Alle werden denken, die wäre ausgedacht.»

«Bevor Donald Trump passiert ist, hätte man auch gedacht, der wäre ausgedacht.»

«Das ist etwas anderes.»

«Ich weiß. Im Prinzip weiß ich ja sowieso immer alles. Hat mir aber noch nie genützt.»

«Wer alles weiß, hat keine Ahnung», lacht sie.

«Woher hast du denn diesen Spruch?»

«Von dir. Hast du vor zwei Jahren mal gesagt. Soll ein Lehrer von dir immer gesagt haben. Erinnerst du dich nicht mehr?»

«Nee. Keine Ahnung.»

«Eben.»

Das fasst es eigentlich ganz gut zusammen.